地方政府
债务融资可持续性研究

STUDY ON HOW THE SUSTAINABLITY OF REGIONAL GOVERNMENTS' FINANCING IN CHINA

林勇明　张长春◎主编

人民出版社

本书编写人员

主　编：林勇明

成　员（按姓氏笔画排序）：

王元京　史　昊　刘立峰　许　生

罗松山　金惠卿　郑　铁

前　言

本书内容主要来自国家发改委宏观经济研究院2013年度重点课题“地方政府债务融资可持续性研究”的研究成果。

从各国发展实践看，地方债务融资如“双刃剑”，既有改善地方公共服务与发展环境的正效益，也有可能出现过度负债、危及宏观经济的负效应。各国普遍存在地方政府过度举债的道德风险问题，无论发达国家还是发展中国家，地方政府出现偿债违约而破产的例子屡见不鲜。我国处于体制转轨期，地方政府既有普遍性的债务融资软约束特征，又有着我国特殊的情况与问题，地方债风险的积累与扩散、地方债务风险的治理与防范所涉及的因素，更为广泛且复杂。因此，在国内外理论研究与实证分析基础上，对我国地方政府债务融资的可持续性问题进行科学、系统、针对性、前瞻性思辨与分析，提出标本兼顾的整体解决方案，在当前地方债风险凸显的形势下，显得尤为必要与迫切。

在接到课题研究任务后，课题组即召开了多次讨论会，并向多位专家讨教，以确定课题的研究大纲。作为发改委下属的研究机构，在课题研究中，我们不仅强调了立足经济学基本理论的相关阐述、国际经验的比较与借鉴；同时亦强调了从宏观经济全局的角度，来对我国地方政府投融资中的问题及其体制原因、未来的解决之道进行全面的分析；在对未来改革方案与路径选择提出政策建议时，我们也充分考虑了这些方案是否符合我国国情条件，是否具有政策上的可行性。

在参考国内外诸多相关文献的基础上，通过课题组全体人员的共同努力，本课题形成了以下这些主要的研究成果，其中某些成果具有较高的创新性：

一是试图构建一个“宏观与微观融合、安全与效率兼顾、长短期风险双防、动静态分析结合”的地方债风险分析框架，从“量”与“质”两个方面对地方政府债务融资的可持续性问题进行理论分析与探讨：首先，从宏观视角分析了地方政府融资规模的适度性与经济发展之间的关系，从中发现并总结出了五点普遍规律。其次，提出了地方政府债务融资“效率线”与“安全线”的分析框架，为分析地方政府债务融资规模的适度性与合理性提供了规范的理论分析工具。再则，从政府财政与经济增长之间的相互转化关系以及地方政府财源的可再生性与不可再生性这两个视角，分析了决定地方政府债务融资“质”的可持续性的影响因素与判断标准。

二是通过国际经验比较，将我国地方政府债务融资与国外成熟经济体之间的异、同处，进行了对比，以此能更清晰地看到我国地方政府债务融资问题的特殊性，从而明确未来改革的整体性方向。

三是结合长、短期风险的分析视角与评价依据，对地方政府债务融资的风险现状给出了较为全面的判断结论。

四是在此基础上，课题论述了地方政府投融资模式转型的必要性与紧迫性，并对未来促进地方政府债务融资健康发展的整体改革进行了初步性的总体设计，概括起来就是：要通过“明确七点原则”，落实“十一项措施”，推进“四化”，来最终实现“一目标”。

本书各章节的执笔人如下：第一章，林勇明；第二章，罗松山；第三章，刘立峰、林勇明；第四章，王元京、郑轶、史昊；第五章，许生；第六章，罗松山；第七章，刘立峰；第八章，金惠卿；第九章，林勇明；附录，刘立峰。投资研究所张长春所长作为课题研究顾问，对课题分析框架与研究思路的确定与完善，提出了诸多宝贵意义。

受到各种主客观条件的制约，本课题研究仍还有一定的不足之处。我们衷心希望，本课题的研究成果能起到“抛砖引玉”的作用，引发各界对这一重要问题形成更深入、更成熟的思考与认识，并希望课题成果能为有关部门的决策提供一定的参考价值。课题在观点上有不妥之处，还望各方批评指正。

课题组

2016 年 12 月 15 日

目　录

第一章　地方政府债务融资的理论探讨及未来改革的总体思路设计

为了揭示地方政府债务融资普遍性的规律，本课题先从宏观视角探讨了地方政府债务融资的相关理论问题，在此基础上提出了地方政府债务融资“效率线”与“安全线”的分析方法，并就地方政府债务融资“质的可持续性”与“量的可持续性”的分别判断标准，进行了深入的研究，以此试图构建一个“宏观与微观融合、安全与效率兼顾、长短期风险双防、动静态分析结合”的地方债风险分析框架。在理论探讨的基础上，本课题对我国地方政府债务融资的现状、问题及其制度原因进行了分析，并就中、外在地方政府债务融资方面的同、异之处进行了对比，由此发现目前地方政府在投融资领域存在着“双重身份错乱”、“双重责权分离”、“双重委托人监管缺失”、“双重期限不匹配”等问题，影响着地方政府债务融资的长期可持续性。之后，课题亦对目前地方债务的总体风险，进行了较为全面的评价。最后，报告分析了地方政府投融资模式转型的必要性与紧迫性，对未来改革的总体思路进行了全面设计——概言之，未来改革的总体思路应是：采取“短期治标与长期治本”相结合的渐进式改革路径，通过明确“七点原则”，落实“十一项措施”，推进“四化”，来最终实现“一目标”——打造出“服务于中国模式升级版的地方融资模式升级版”，建立与新型城镇化发展战略相适应、符合国家治理体系现代化改革目标的新型地方政府投融资体制。

一、从宏观视角看地方政府债务融资

1. 地方政府适度举债具有公平与效率两方面的合理性

从公平方面讲，基础设施的使用和受益期限长，使当代短期内大规模投资建设形成的基础设施不仅供当代人使用，后代人也会继续使用这些设施。如果基础设施的投资成本全部由当代人承担，会形成“成本——收益”在不同代际之间的“不公平”，这会降低当代人投资基础设施建设的积极性。而举债投资则通过提前使用未来的部分财政收入，让后代人同当代人一起共同分担建设成本——当代人与后代人在为基础设施建设“掏腰包”的同时，都享有了经济社会更快、更好发展所带来的“净收益”。因此，合理、适度、有效的地方政府债务融资对当代与后代人来说是“双赢”的结果。

而从效率方面讲，由于基础设施在供给上存在“不可分性”与“配置上规模的初始集聚性”，使得通过举债来满足其短期内集聚增加的资金需求时，就有了效率上的合理性。比如说，一条公路只有等到整条路都建成时，才能发挥其宏观与微观的效益。如不通过举债，只依靠地方政府当年的自有财力，一年建一段，若干年才能建成投入使用，从地方经济与项目收益的角度看，都会造成效率上的损失。

从实践来看，允许地方政府举借债务也是许多国家的通行做法，举债不仅是发达国家地方政府普遍采用的融资手段，而且也越来越受到发展中国家的重视。据统计，世界 53 个主要国家中，有 37 个允许地方政府举债。

2. 地方政府债务增长具有阶段性的特征

经济学研究表明，公共投资对经济增长的意义往往体现出阶段性特征。在经济学界，实证研究政府投资与私人投资之间的关系以及政府投资和私人投资对经济增长的影响时，一般采用“新古典学派”的总量生产函数：$Y(t) = AF(L(t), K(t), G(t))$；其中，Y 代表实际产出，A 反应技术变化的参数，L 代表就业，K 代表私人投资，G 是指政府的投资。该函数在近年来的实证研究中被广泛采用。

这一生产函数各变量之间的关系会随着时代的变化而变化，也就是说公共投资对私人投资的引致性作用及其对经济增长的意义往往体现出阶段性特征。在经济发展的初始阶段，因公共投资累积规模较小，再加上公共投资所在领域往往具有投资周期较长的特征，使公共投资规模扩张成为非公共投资扩张的限制性瓶颈，此时的公共投资增长对非公共投资的引致性作用巨大，对经济增长的边际意义也更大。随着公共投资累积规模的扩大，其增长的边际意义将会有下降的趋势。

公共投资的阶段性特征自然决定了地方政府债务融资的阶段性特征——地方政府大量负债可能是特定发展阶段特殊需求的结果，地方政府对债务融资较大规模的需求并不一定是一个长期的过程。从国际经验上看，这主要表现在工业化、城镇化加速发展阶段——这时，经济发展对基础设施产生巨大需求，生产要素与人口的集聚和城镇数量与规模的扩张，带来城镇基础设施和公共服务设施需求的快速增长。从各国发展的实证经验看，经济高增长期也确实伴随着公共部门投资的高增长[①]。

我国前阶段地方政府债务融资高增长符合这一阶段性特征。地方政府通过债务融资，为各地工业化与城镇化的快速推进提供了基础设施建设的必要条件。但是，工业化、城镇化并不是一个无限加速、没有止境的过程，当我国工业化进入后期、城镇化率达到70%左右后，基础设施达到比较完备的程度时，基础设施投融资的规模（进而地方政府的融资需求规模）也会随之降下来。

此外，影响我国地方政府融资的阶段性的因素更为复杂，还存在着以下两个方面的阶段性特征而加重地方政府对债务资金的需求。一是要对过去长期的基础设施建设欠账“补课”。被长期压抑的基础设施投资需求在短期内大规模集中满足和释放，这种弥补欠债的集中建设，使地方政府债务融资的需求在一定时期内被进一步放大。二是正处于体制转轨的过渡阶段。中央与地方财权与事权不对等、基础设施领域对民间资本开放不足等一系列体制、政策原因也加剧了地方政府对债务资金的需求。未来，当政府间财税制度改革、投资体制改革逐步到位时，伴随一些导致地方过度举债的体制、政策因素得到有效解决，地方政府债务融资需求也会在一定程度上降下来。

可以说，前阶段我国地方政府债务融资的扩张，是由工业化、城镇化加速发展引发巨大投融资需求的合理性因素与诸多体制、机制不完善造成的不合理因素，叠加在一起所共同形成的——其中，既有其合理“补位”的一面，也有其不合理“越位”的一面。

---

① 以日本为例，在1965—1972年间，日本连续在国内发行建设公债，扩大对公共事业的投资，并有效拉动了全社会的投资，保证了工业化的顺利推进，实现了经济的持续高增长。8年中GDP增速最低达到9.9％，最高达到16.9％。

3. 政府债务规模与经济增长之间呈现倒 U 型关系

理论与实证两个方面都证明，由于公共基础设施的投入存在着边际效益递减的规律[①]，政府债务规模与经济增长之间有一个最佳比例，地方政府适度举债有利于弥补经济发展所需的基础设施供给缺口，但地方债务规模对经济增长之间呈现的是一种倒 U 型关系——也就是，在达到某一负债水平之前，地方债务率的增加，总体上对经济增长率有积极的贡献；但随着负债率超过了某个临界点，经济增长率则会随着负债率的增加而下降。

不过，显然，这个抛物线的高点（或“拐点”），对于不同经济体不同时期是不同的。但从理论上讲，我们可以说，当地方政府投融资的宏观边际效益 = 宏观边际成本时，其规模达到最优。

应该说，政府部门、金融部门、实体经济部门三者之间有着密切相关的关系，地方政府借了多少钱、拿钱干了什么等等这些政府行为，将影响到金融部门与实体经济的运行状况。从整个经济体看，地方政府借债搞建设是有机会成本的，这就是实体经济少了这部分的资金供给（也少了其中一部分的投资机会）。当地方政府过度举债时，随着地方债务规模的不断增加，到达一定的高点时，将抵消掉基础设施投资所带来的正外部性，地方政府投融资对于经济增长的宏观效益将小于其宏观成本。这时，从整个经济体看，就产生了全社会资源配置上的低效与损失。

4. 地方政府过度举债会影响到宏观经济的健康

地方债务最终的偿还者为政府，因此，当债务风险积累到一定程度时，无论地方政府采取增税的办法，还是中央政府通过通货膨胀的办法，都会对经济增长造成不利影响。税收增加会导致投资成本的增加，从而减少资本收益，降低国内投资。而以通货膨胀的方式来缓解债务压力，则会导致价格上涨，生产下降，最终带来经济增度的下滑。此外，地方政府债务超出地方政府的承受能力时，也会因推动贷款利率上升而影响整体经济的健康发展。地方政府过度举债势必会致使资金在政府部门与企业部门间配置的失衡，对生产部门产生一定的“挤出效应”，降低经济增长的活力。而且，地方政府过度举债会影响金融系统，加大其系统性风险。尤其是我国地方政府债务风险更具宏观经济的传导性，其传导也更具隐蔽性，财政与信贷的密切联系决定了财政风险与金融风险是绑在一起的。

---

① 史朝阳（2012）的实证研究表明，对于我国东部地区经济发达省份来说，当基础设施投资率在21%以下时，基础设施投资率的增加可以促进经济增长，而一旦超过21%，基础设施投资率的增加便可能会不利于经济增长。

5. 不同储蓄率与经济增速构成的宏观经济情景对债务风险也有着明显影响

判断地方债务的“宏观风险”时，需要强调的是，地方债务与“宏观经济基本面”之间是彼此影响的关系。我们知道，经济增速与实际利率之比是影响长期可持续的关键指标。储蓄率可以作为决定债务资金价格的因变量，在高储蓄率情况下，资金价格成本较低，而增长率可作为债务资金的收益指标。因此，不同的储蓄率与经济增速的组合形成的宏观经济情景对债务风险是有着明显影响的。从国际上看，有几类比较有代表，一是低增长、低储蓄率（如拉美、希腊等）。二是高增长、高储蓄率（中国为典型）。三低增长、高储蓄率（如日本）。通过国际比较我们可以发现，低增长、低储蓄率的国家，更易爆发地方债务危机。增长率与储蓄率较高的国家，往往能承受较高规模的债务压力。

二、地方政府适度融资的“效率线”与“安全线”

（一）最优债务融资需求——地方政府债务融资的“效率线”

如果我们承认，在其他条件给定的情况下，一个地区的经济发展与公共基础设施投资之间存在着一个特定的函数关系，那么，各地区依据其发展阶段的不同、城镇化与工业化的特定需要以及基础设施的存量结构，一定存在着一个公共基础设施投资的最优规模，这个最优规模决定了地方政府在该时期的最优投资水平；因此，在其他约束条件给定的情况下，也就存在着一个最优的地方

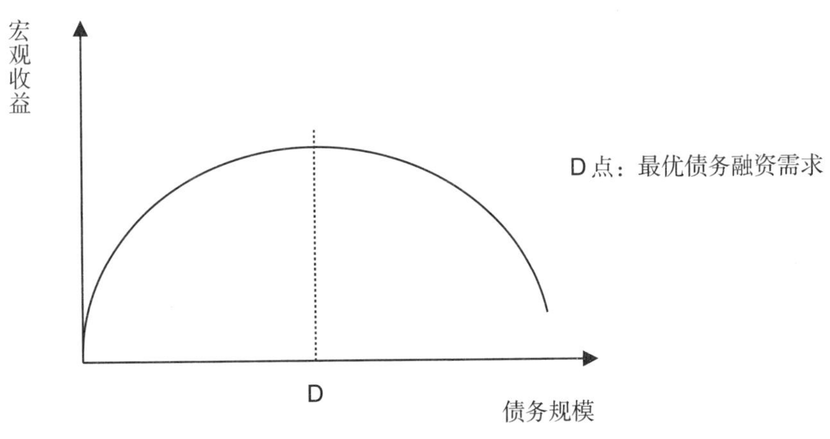

图 1-1　地方政府债务融资“效率线”的示意图

政府融资需求——-当地方政府部门的实际融资规模小于这个最优需求规模时，说明地方性公共基础设施“产能不足”，经济与社会发展将低于潜在水平。而当地方政府部门的实际融资规模大于这个最优需求时，地方性公共基础设施“产能相对过剩”，有一部分地方投融资是过度的，这往往会产生经济增长过热或增长效率下降，或是出现过于超前的公共品消费。

（二）可持续债务融资能力——地方政府债务融资的“安全线”

地方政府的可持续债务融资能力是指某地方政府在一个时期内由其财政状况、资产负债状况所决定的安全债务融资“上限”，也就是某一地方政府在一定时期内安全的发债空间的大小。当地方政府实际债务融资能力普遍小于其可持续债务融资能力时（比如，某地方政府的安全举债上限为50个亿，但它在实际中只能借到30个亿），可能说明地方政府融资领域存在一定的“金融抑制”，地方政府将损失一部分安全发债空间。而当地方政府实际债务融资能力普遍大于其可持续债务融资能力时（比如，某地方政府的安全举债上限为50个亿，但它在实际中却能借到80个亿），这说明因信息不对称、道德风险等原因使得地方政府存在着过度举债的可能。

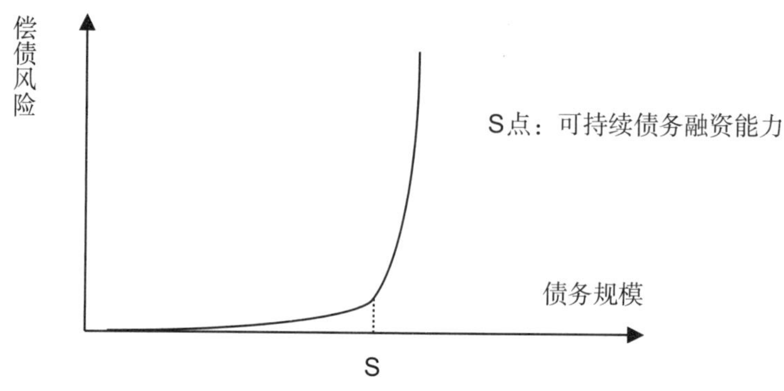

图1-2　地方政府债务融资“安全线”的示意图

（三）将地方政府债务融资“效率线”与“安全线”合起来看的视角

1. 地方政府的融资能力缺口

当地方政府的最优债务融资需求大于其可持续债务能力（即安全上限）时，说明该地方政府存在一定的融资能力缺口，也就是，在保证债务融资安全的前提下，即使充分举债，也仍满足不了该地区经济增长的潜在需要。究其原因，可能是由于财政分权不到位或资本市场欠发达等。对策则包括增加地方融资资金供给或减少其外源融资需求两方面，如：加大上级政府财政转移的力度、提高地方税收的分配比率、成立基础设施投资基金、通过项目融资引入民间资本等。

2. 地方政府的融资能力剩余

当地方政府的最优债务融资需求小于其可持续债务融资能力（即安全上限）时，说明该地方政府存在一定的融资能力剩余，财力相对投资需求相对宽裕。此时，可能是基本建设投资的高峰期已过，也可能因为地方政府收入充足。这时，应避免地方政府资本性支出过度，同时优化其投资结构，适当增加社会性支出与投资，也可以考虑适当减税，让利于民。

3. 地方债务长、短期风险的判断

在现实中，通常存在以下两种情况：

（1）"效率线"在"安全线"之上。这时，地方政府的最优债务融资需求大于其可持续债务融资能力，即存在着融资能力缺口。

这种情况下，如果：地方政府的可持续债务融资能力<实际债务融资规模≤最优债务融资需求，这时，虽无长期风险，但短期风险（流动性风险）的因素在增加。也就是说，短期风险，主要看可持续债务融资能力作为"安全线"是否被突破。

（2）"安全线"在"效率线"之上。这时，地方政府的最优债务融资规模小于其最大可持续债务融资规模，即存在着融资能力剩余。

这种情况下，如果：地方政府最优债务融资需求<实际债务融资规模≤其可持续债务融资能力，这时，虽暂无短期流动性风险，但长期风险的因素在增加。也就是说，长期风险，主要看最优债务融资需求作为效率线是否被突破。

根据上述的分析框架，就能理解不同政策工具的目的与作用，例如，一些政策主要是控制地方债务不要突破可持续能力曲线（例如上级政府对下级地方政府的规模控制等），有些政策是为了解决其融资能力缺口（如引入民间资本、提高税收能力来减少其外部融资需求，或完善资本市场、创新融资工具来增加其资金供给）；有些政策则是防止地方政府滥用融资能力剩余（在国外，主要靠公共投资决策的民主化）。如果充分让市场起基础性的配置作用，再辅以这些政策工具的恰当应用，地方政府投融资增长即能最大限度趋近于最优均衡的状态。

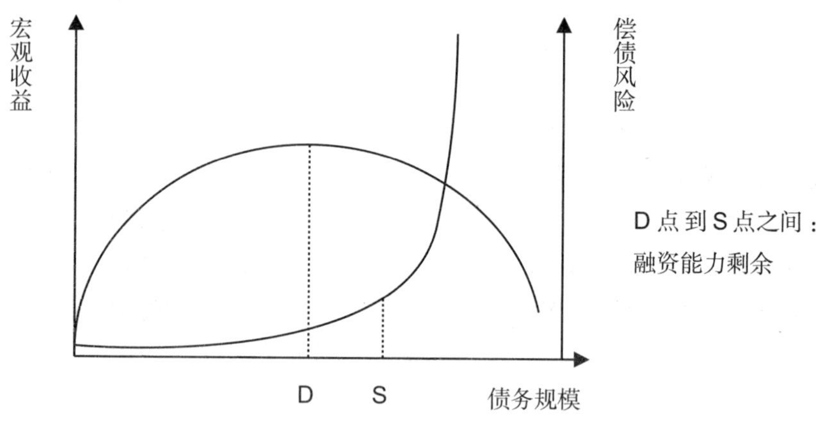

图 1-3　融资能力剩余的示意图

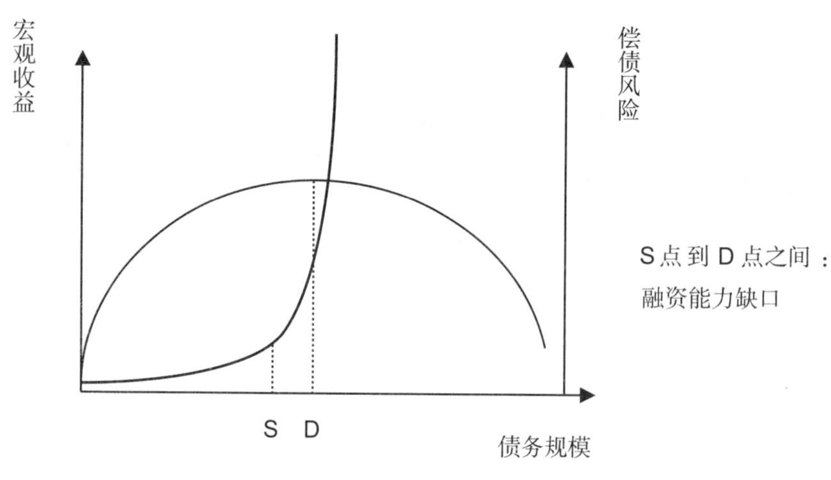

图 1-4　融资能力缺口的示意图

（四）从兼顾效率与安全的视角，看地方政府债务融资规模的管理

不难发现，"效率线"测度的主要是地方政府融资的经济合理性，"安全线"测度的主要是地方政府融资的财务可行性。地方政府举债的经济合理性是债务资金的宏观投资收益不小于（大于或等于）举债成本，财务可行性则是不会发生违约风险。因此，划定"效率线"所依据的核心指标是：边际收入/负债水平——债务的边际投资收益率。而"安全线"判断所依据的是：负债水平/

(收入+资产)——债务与资产收入比。

从债务融资的安全与效率看，现实中地方政府债务融资可分为四种情形：一是安全但缺效率，二是有效率但不安全，三是既不安全也缺效率，四是既安全又有效率。管理地方政府债务风险总原则应是：确保安全前提下追求效率最大化，也就是将政府债务控制在安全线之内，同时尽量趋近效率线。针对上述四种情况，应在守住安全线前提下，采取差别化的管理措施：第一种情形是防止地方政府滥用融资能力剩余，第二种情形是增加地方政府的融资能力。当各地区在安全线前提下趋近效率线时，就能够实现全国和各地区政府融资总体上“既安全又有效率”的可持续增长。

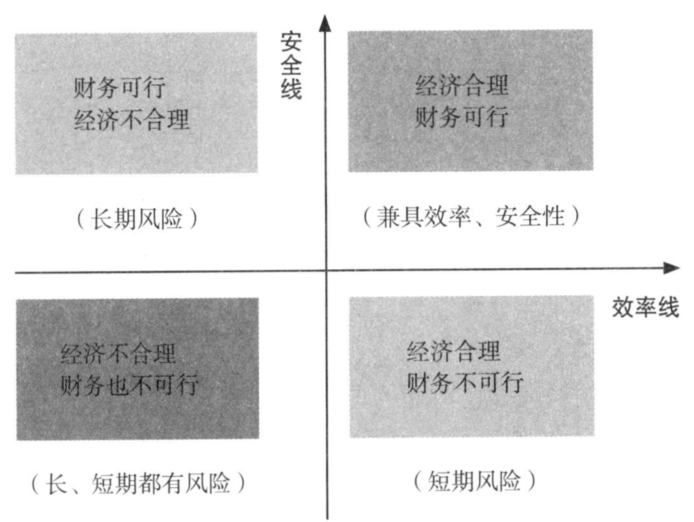

图 1-5　效率线与安全线合起来看的视角——地方政府融资规模所处的四个象限

三、对地方政府债务融资可持续性的探讨

(一)地方政府债务融资“质的可持续性”

1. 从政府财政与经济增长之间形成的相互转化关系来看

政府财政与经济增长之间存在着两个“转化系数”。一是基于政府收入的政府投资转化为经济增长收益的“转化系数”。经济增长收益进一步转化为政府收入的“转化系数”。假设，两个“转化系数”的最优值为1，那么，当第一个“转化系数”小于1时，说明政府投入相对于经济增长的投资效果系数较低。当第二个“转化系数”大于1时，意味着，政府从经济体中收取了过多的税收或资产增值收益。

如果经济增长过于依赖政府投资，伴随政府投资规模的增大，其对经济增长的拉动效应将呈下降趋势——第一个“转化系数”趋于下降，这时，政府要通过投资继续拉动经济较高速度地增长，就需要更多的资金投入于政府部门的投资，这往往只能通过增加税收或增加举债等方式来实现——于是，第二个转化系数趋于上升。这一模式长此以往的结果是：宏观经济会慢慢患上“政府投资的药物依赖症”——剂量加大与药效下降之间难免不形成恶性循环。因此，这一发展模式，从中长期看，是不可持续的，必须及时过渡到政府财政与经济增长之间良性相生的模式。

2. 从地方政府财源的可再生性与不可再生性来看

正如能源可持续模式中，一种是依赖于可再生能源的模式，一种是依赖于不可再生能源的模式。对于后一种模式，需要在不可再生能源枯竭之前，逐步增加可再生能源的使用比例，直到顺利“转型”为第一种模式。地方政府债务融资可持续模式中，也有两种：一种以未来稳定的财税增长为主要还款保障，而另一种以“资产短期内变现”为主要还款保障（如我国地方政府当下的“土地一次出让所主导的土地财政”）。

从长期看，第一种依赖“可再生财源”形成“地方政府融资——为经济增长进行必要的公共投资——国民经济实现潜在增长率——政府财政收入增加——地方政府融资获得还款保障”的循环，是长期可持续的模式。而第二种模式，依赖“不可再生财源”，伴随城市建设用地的减少，一定时期后将难以为继，应在土地资产“售罄”之前，逐步转换到以实体部门发展带来税收增长作为还款源的模式，才是长期可持续的。

过于依靠“土地融资”搞建设，基础条件改善的同时，地价也会过快上涨，对实体经济的投资环境一方面有加分，一方面也有减分。地方政府热衷土地融资也是助长房地产市场相对实体经济部门过度繁荣的根源。实体经济投资意愿与赢利空间是经济增长乃至政府收入增长的长期、稳定、可持续的源泉。因此，要逐步转型到第一种依赖“可再生财源”的模式，需要通过深化体制改革，逐步消除地方政府、实体经济与金融部门三者之间的扭曲关系，让地方政府逐步回归“依靠公共财政，进行公共投资”的模式，创造地方政府、实体经济、金融部门三方彼此“各得其所”、良性“相生”的制度安排，这是实现地方政府债务融资长期可持续性的根本制度保障。

发展的可持续性，应建立于宏观经济各变量之间实现空间上的均衡，同时要素分配在代际也要实现时间上的均衡，这意味着发展模式要克服短期化，而这客观上要求地方政府施政目标与手段的长期化。

（二）地方政府债务融资“量的可持续性”

1. 影响地方政府债务可持续性的相关变量

在地方政府债务可持续性上，地方政府债务融资规模与相关变量的基本关系呈现以下的规律：

1）机动财力与可持续性债务融资规模两者之间存在正相关关系。下一年地方财政可用的机动财力越大，那么，以它为拨备所进行的可持续性债务融资规模就越大；反之就越小。

2）债务融资偿还期限与可持续性债务融资规模两者之间存在正相关关系。债务融资偿还期限越长，它所支持的可持续性债务融资规模就越大；反之就越小。

3）平均债务利率与可持续性债务融资规模两者之间存在负相关关系。平均债务利率越高，那么，它所支持的可持续性债务融资规模就越小；反之就越大。

4）基期债务融资余额与可持续性债务融资规模之间负相关。基期债务融资余额越大，那么，可持续性债务融资规模就越小；反之就越大。

2. 地方政府债务风险及其测度方法

地方政府债务风险，从类型上看，有两种：一是短期的流动性风险，地方政府出现了一时的偿债资金缺口，由此引发债务偿还上的违约；二为长期风险，地方政府债务资金使用的宏观效益低，财政状况与债务结构呈恶化之势，终有可能在未来某个时点爆发偿债危机。

（1）地方政府债务短期风险发生的临界条件

因为，地方政府偿还债务一般来说只有两个来源：财政收入与再融资；所以，作为一独立财务主体，其保持不出现债务违约的前提条件是：当期财政收入＋可举债规模≥当期财政支出＋待偿债规模。也就是说，地方政府自主性的机动财力——各项收入扣除各项支出后的财政盈余，再加上能够借来的新债，要大于已到期要还的债。否则，必然出现绝对的资金缺口，导致总会有一部分债没法还上。

因此，对于短期风险而言，地方政府的再融资能力是一个关键因素。资本市场的完善，能够给地方政府提供各种融资工具组合，避免其债务结构上的期限错配、短贷长投，这将有助于降低地方政府的短期流动性风险。

（2）地方政府债务长期风险的核心判断标准

决定地方政府能够长期保持其债务可持续性的根本因素是：地方政府融资所支持的地方政府投资对宏观经济的拉动效应足以使经济增长所带来的地方财政增长高于债务还本付息额的增长。因此，经济增速与贷款利率之比，被公认是衡量地方债务长期风险的一个重要指标。

（3）评价地方债风险需要长短期、动态与静态结合地来看

一般而言，一个独立的财务主体借债搞投资有三个层次的风险：第一是投资风险本身。二是偿债风险（因为流动性风险而出现违约）。三是出现资不抵债的破产风险。当债务资金的投资收益高于成本时，理论上高债务并不会产生风险。而当债务资金投资收益低于成本时，债务量与资产（主要是可变现资产）之比将决定投资风险多大程度上会转化为偿债风险与破产风险。简言之，债务风险由债务规模、资产规模与债务资金的使用效益共同决定。当债务规模占资产规模比重大到一定程度时，且投资风险亏损又大到一定程度时，就走到了风险爆发的边缘。亏损意味着未来的净收益为负。持续亏损时，要偿还债务，就意味着对资产存量的不断侵食，直到资不抵债的临界点——可支配收入加资产变现已无法覆盖到期债务的还本付息，这时将不可避免地发生违约，甚至破产。

地方政府作为一个独立财务主体，也面临这三种风险。一般来说，地方政府举债投资有三个方面的财务回报：一是项目本身的现金流，二是财政增收，三是所形成的新的有效资产。三个方面加总得到的投资收益所决定的综合收益率，决定了当前的债务多大程度上会转化为未来的收入与资产——可以为未来还款提供资金保障。因此，债务资金的未来资产-收入转化率，是决定风险的一个重要的因素。

考察地方政府的债务风险时，要将“借、用、还”统一起来来看。“借”的规模，一方面影响“用”的效益，另一方面，与“用”的效益一起决定未来“还”的情况：债务能不能靠自身财力偿还？以及偿债后资产是增加了，还是缩水了？由于大部分地方政府举债所进行的投资都是长期性的、跨代际的，全面的债务风险评估就不能静态地只看当前、近期的债务规模、债务负担率，还要动态地看未来、中长期的收益率及其与当前债务负担的关系，由此得到的风

险评估才是全面的和长短期、安全效率兼顾的。

概言之，决定地方政府债务短期风险的关键是债务负担要在政府资产——收入能力的覆盖范围内，决定其长期风险的关键是债务资金的综合投资收益足以覆盖债务成本。因此，这需要长短期、静态动态结合地看：一、静态地看当前时点的债务资产比率——政府净值要大于0，二、动态地看债务资金在未来长期中的综合收益——其资产——收入转化率要大于1。

3. 规模与结构共同影响地方政府债务融资的可持续性

很显然，规模适度是影响地方政府债务可持续性的重要因素。从上面的分析中我们亦可更清晰地看到：前述地方政府债务融资"安全线"，主要是从资产规模对债务规模的覆盖来看的。当资产规模一定时，债务规模越大，风险越高。而其"效率线"则主要是从债务规模影响投资收益来看的。过大的债务规模意味着过度的投资，造成部分基础设施赢利性降低或部分资产利用率低，政府投资对宏观经济的促进效应下降，债务资金的综合投资收益趋于下降。

不过，结构是否合理也从影响债务资金综合收益率的角度影响着地方政府债务的可持续性。需要指出的是，地方政府具有提供公共服务的职能，部分项目的综合收益率较低，地方政府也不能以追求债务资金的财务收益为出发点。但从实现财政状况的代际平衡、防范偿债风险的角度来看，即使对于一个纯粹的公共服务型地方政府，地方政府债务资金总的收益率，仍是应该被纳入通盘考虑之中的。也就是说，地方政府债务资金的投资要在考虑能够产生足够的未来政府收入增收效应的前提下，实现其公共服务产出效应的最大化。这意味着地方政府的社会类投资与经济类投资要保持适度比例，社会类投资要与自身财税收入水平相匹配，而经济类投资要考虑"产能适度"——能够创造出足够的未来经济增长潜力。

四、我国地方政府债务融资的问题及原因

（一）我国地方政府债务融资的规模

根据审计署在2011年6月27日发布的《全国地方政府性债务审计结果》显示，截至2010年年底，全国地方政府性债务余额107174.91亿元，其中：政府负有偿还责任的债务67109.51亿元，占62.62%；政府负有担保责任的或有

债务 23369.74 亿元，占 21.80%；政府可能承担一定救助责任的其他相关债务 16695.66 亿元，占 15.58%。

（二）我国地方政府债务融资呈现出的特点

1. 从总量看，地方政府性债务总规模呈逐年增长之势

通过估算得到 2007 年全国地方政府债务规模约为 4.5 万亿，2008 年约为 5.7 万亿，2009 年约为 7.9 万亿，呈逐年增长的趋势。从各省市来看，在刺激投资的经济政策指导下，政府债务规模也在逐年增长。采用时间序列中的一次指数平滑算法对全国各省市地方政府 2010—2012 年的债务规模进行预测，得到地方政府债务金额 2010 年约为 10.9 万亿，2011 年约为 13.4 万亿，2012 年达到 15.8 万亿，与审计署和华泰证券的估计基本吻合。

2. 从债务期限看，债务风险主要表现为短期流动性风险

地方政府债务风险主要集中在财政收支风险和举债能力风险即债务的短期流动性风险上，地方债务的长期风险也在不断恶化。地方政府投资冲动带来收支不平衡，导致地方财政入不敷出，未来引发财政系统性风险的隐忧仍存。因此，要改善地方政府债务风险，应当先从控制财政收支风险入手，逐步实现从短期风险到长期风险的全面控制。

3. 从偿债主体看，风险集中于地方融资平台

从省、市、县地方债务的借债主体来看，地方融资平台举债规模最大，金额为 12 万亿元，是地方政府和机构债务规模的近 2 倍。

4. 从地区分布看，债务安全等级呈现出明显的东中西部差异

从区域结构看，一些发达地区的经济和财政能力强，负债水平适度。而部分地方政府负债相对其经济实力和偿债能力偏高。总体而言，西部地区的地方政府负债风险尤为突出，应更加引起有关部门重视。

5. 从层级分布看，县级政府负债占地方政府负债的 51.16%

这主要是由于我国财政体制、投融资体制不健全以及一些国家宏观经济政策共同导致。防范地方政府债务风险，应进一步控制县级政府的财政收支状况，加大上级政府的转移支付力度，防止其收支缺口的进一步扩大，同时提高其投融资效率，缓解其债务负担压力。

6. 从还款来源看，与土地相关债务量所占比重较高

2010 年年底，地方政府负有偿还责任的债务余额中，承诺用土地出让收入作为偿债来源的债务余额为 25473.5 亿元，占当年全部地方政府债务的 24%。

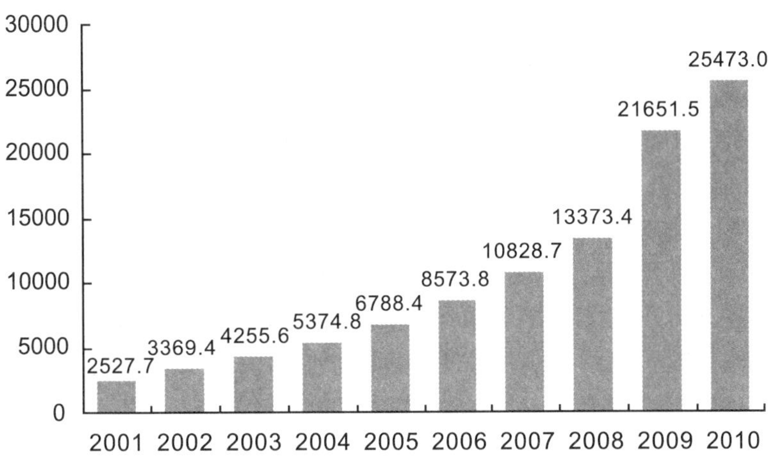

图 1-6　地方政府与土地相关债务余额（亿元）

资料来源：根据国家审计署报告计算。

7. 从新趋势看，2010 年后，地方债规模并没有因银行表内业务的缩减而明显收缩

2010 年以后，实际上，又有一些新的因素影响到地方政府债务融资。第一，城投债的发行快速扩容。2009—2011 年，发行量分别达到 1530 亿元、2970 亿元和 3644 亿元。2012 年城投债发行出现井喷，全年达到 1.26 万亿元。第二，委托贷款规模增长迅速，2010—2011 年的增加额都超过了 1 万亿元，其中许多直接贷给了地方政府投资公司。第三，信托贷款大幅度增长。其中，信托公司与地方融资平台进行了大量合作。由此可见，2010 年以后，地方政府债务规模并没有因为银行表内业务的缩减而明显收缩。

表 1–1　各类金融工具当年融资额（亿元）

	2008	2009	2010	2011	2012
城投债券	720	1530	2970	3644	12600
委托贷款	4261.9	6766.2	11004.7	12960	12837
信托贷款	3162	4369.9	3761.1	2013	12888

资料来源：各年《中国货币政策执行报告》，中国人民银行货币政策分析小组。

（三）地方政府债务融资中存在的问题

1. 地方政府债务管理体制不完善

管理体制不完善表现在诸多方面，例如：法治化、规则化的制度缺失，导致地方政府普遍遵“潜规则”而行，形成普遍的不负责任，同时因“法不责众”，中央政府也难以对之形成有效的事后处罚；缺乏决策失误的责任机制，地方政府绩效评价和监督体系不完善；地方政府缺乏举借债务的总体规划和科学论证——地方政府投融资“借、用、还”缺乏跨任期的中长期规划；地方政府事前存在风险转嫁预期，事后缺乏规则化的处罚机制，导致地方政府举债成本与风险外部化。

2.“质”的不可持续性问题突出

目前存在着的地方政府、实体经济与金融部门三者之间的扭曲关系，主要体现在两个方面：一是从地方债务资金“借、用、还”的循环模式上看，不同于成熟的市场经济国家更多依赖于可再生财源的模式，我国地方政府更多地依赖不可再生财源的模式，严重依赖于一次性的土地出让金收入作为未来的还款保障。二是地方政府债务资金的“借、用、还”，都缺乏必要的市场约束与法治规则的约束，形成了“不合格的市场参与者参与到了一个不规范的债务市场中”的局面。因此，未来要保证制度上的可持续性，一要增加地方政府的可再生财源比例；二是要通过体制改革，建立规范的地方债务市场，促使地方政府成为合格的、负责任的市场参与者，并促使地方政府从“经营城市型”投资主体向“服务城市型”投资主体转变。

3. 信息不畅，地方债定量管理办法尚未发展起来

一般来说，地方债务信号能够有效传导到债务关系的另一方（债权人与投资者）、以及代理——委托关系中的另一方（上级政府与纳税人），方能有效约束地方政府的盲目、非理性举债，从而降低违约风险。

而目前我国地方政府债务信号传导不畅，造成地方政府债务信息隐蔽化，债务市场存在的信息不对称加剧了地方政府债务融资的软约束。由于地方债务信息不透明，加之地方财务统计制度不规范（有些风险未能在其资产负债表中体现出来，如工程拖欠款、社会支出方面的欠账等），使得中央政府难以依据“指标化”的管理手段，对地方政府债务风险进行有效、适时、量化的风险管理。

4. 地方债风险低估、高估并存

过于宽松的再融资环境，在化解地方债局部短期风险的同时，增加了整

个经济系统的长期风险因素。过去几年，有相当一部分地方政府超过了其可持续融资能力曲线（安全线），事实上，不少地方政府可能已“技术性破产”，只是靠展期与宽松的再融资而掩盖了。靠展期来治地方政府“违约”之病，是有副作用的。大规模的债务展期影响了银行系统的流动性和资金使用效率。

同时，由于我国的情况较为复杂，以国际通用的常规指标判断我国地方政府性债务，地方债的风险可能同时存在被低估和被高估的情形。例如，财税分权制度安排未到位、再加上融资方式不匹配，地方政府从发展角度看的合理债务融资水平，也可能会有违约风险。目前，依据还款能力来看，一些地方政府已出现技术性破产征兆，但如果调整中央地方的税收结构，并将短期债务改为长期债务，地方政府的债务负担率、还债压力就会下来。从系统性安全的角度，已技术性破产的，未破产，是问题；而从兼顾地方发展的角度，有些本不该技术性破产的，出现了技术性破产征兆，也是问题。

5. 地方政府投融资增长存在着时间上的不均衡与空间上的不合理

应该说，我国地方政府主导地方经济发展、同时中央政府具有很强全局性调控能力的体制特征，一方面，保证了在过去相当一段时期中，各地经济呈现了持续蓬勃发展的态势，而且，政府债务规模从周期的时间跨度看，基本实现了“结果上的可持续”，但另一方面，其过程与结构远未达到最优。首先，年度间增长是不均衡的：“地方投资过热——债务风险增加——中央政府治理——经济增速回落”的周期循环，往往干扰了国民经济正常的潜在经济增长率曲线。其次，资金也并没有完全投入到宏观效率高、公共性强的项目上。再则，从融资渠道来看，缺乏多元化的资金来源结构，过多地依赖银行信贷资金，一方面存在“期限错配”，另一方面也使风险过多集中于银行系统；最后，从地区与层级结构上看，也存在着资源配置的不均衡，从资金供给源头上加大了各地间、城乡间的发展水平差距。

（四）我国地方政府过度举债的制度性根源剖析

1. 分税制改革不彻底，中央地方政府间财政制度不完善

我国在分税制不彻底、政府间财政关系不合理的情况下，地方政府普遍存在财政收支缺口。中央政府对地方包括民生领域的投资支持往往要求地方政府配套资金，这无疑进一步增加地方政府支出压力。适度容忍各级地方政府举债筹资就无法避免。

目前地方政府融资结构几大比例均不合理，包括：中央与地方税收分配比例、地方政府税收与非税收入比例、内源融资与外源融资比例、外源融资中间接融资与直接融资的比例等。融资结构不合理——地方政府自有财力不足，可用的财政与其他融资工具不多，也就从客观上造成地方政府对债务融资产生过度依赖。

比较财政体制完善的国家与我国的同异之处，会发现：运用债务工具来弥补地方建设资金缺口，是一样的；但不一样的是，在前者，缺口本身基本属合理的缺口，这样中央政府规范债务规模，就有一个合理性的依据。而在我国，由于存在不合理的缺口，中央政府规范地方债务规模时，就缺乏清晰的合理性边界。

也就是说，在目前地方政府过度融资中，一部分源于不合理的过度投资，另一部分则源于本不合理的融资缺口。第一部分降下来，要靠地方政府治理结构改革，增强投资约束。第二部分降下来，根本上要靠财政体制分税制改革，保障地方政府有与事权相匹配的正规收入来源。

2. 地方政府在职能上存在着双重身份的错乱

我国地方政府作为投融资主体存在着特殊性，既是一个普通的经济体，又是一个特定的公共主体，因此，地方政府债务也就同时具有理性与非理性的成分。目前体制中存在着这样的矛盾：财政分权但在官员任命上仍是垂直集权的。由于地方政府治理结构不完善，有效监管其债务融资的经济合理性与财务可行性的制度设计，尚未有效建立。

有学者指出，地方政府债务融资"质的不可持续性"的根源，在于地方政府的公司化。但问题是，地方政府一方面类似于一个大公司（把城市当成自己的地盘、对民营经济指点江山、把地方的 GDP 当成自己的业绩，就是其"公司化"的一大表现），另一方面，在委托——代理结构上和在融资风险自控方面，又不具备公司化的约束。

未来的改革方向，恰应"反其道而行"：在政府职能领域，要"弱公司化"；而在治理结构、债务风险自控方面，倒不妨引入"公司化"的约束机制——在投资领域完善其"委托——代理结构"，保证其投资公共利益化；在融资领域促其成为负责任的债务主体，保证其融资约束市场化。

3. 正式预算与非正式预算双轨制，加剧了地方政府的预算软约束

一般而言，必须满足两个前提条件才能实现地方政府预算硬约束：一是从正式的收入来源中地方政府能够获得充足的收入，二是民众能够很好地监督地

方官员的行为，官员的政绩很大程度上取决于民众的意见。这两个前提条件，目前我国的地方政府都不具备。由于地方政府收入中有很大部分非税收入未纳入预算管理，部分资本性支出游离于预算监管之外，"账外账"的情况普遍存在，上级政府难以获得下级政府的全口径收支数据，无法准确了解其资产负债状况，更谈不上统一管理了。

4. 现行体制下，地方政府债务存在着权责的时空分离

债务融资本应是"以我未来的收入，换你现在的资金，供我现在使用"，这种债务资金"借、用、还"为同一财务主体的结构，会提高借贷的审慎性。但如果是"以他未来的收入换你现在的资金，供我现在使用"，债务融资权责的这种时空分离，使债务人普遍存在还债责任转移预期，这无疑会激励举债的机会主义倾向，使举债失去内在约束。

长期以来我国的情况就是如此，从时间上看，本届地方政府具有举借债务的权力，而实际偿债责任很可能是下届政府；从空间上看，本级地方政府具有举借债务的权力，但最终为债务"兜底"很可能是上级政府。

独立、合格的财务主体，举债权力与偿债责任是统一的，具有自我约束力。依此判断，目前我国的地方政府，尚不是独立、合格的举债主体。

5. 地方债务高企，还往往因为存在着双重的委托人监督缺位

首先，由于上级政府作为委托人的激励与监督制度不完善，地方政府作为代理人从过度举债中获得的收益明显大于其为此所要付出的成本。

其次，当来自辖区公众的监督缺位时，地方政府官员在进行公共投资决策中，往往就会以"取悦于上"的政绩最大化而不是"服务于下"的公共利益最大化为其决策标准。由于上级政府考核下级官员，只能更多依靠 GDP 等更能"数量化"的指标。于是，地方政府就必然会热衷于扩大投资，在财力有限情况下，大规模举债就难以避免。当投资规模过大而导致投资效果下降时，要保持经济增长率，就只能依靠更多的债务融资和不断扩大投资，由此，所借债务越来越难以形成较多的公共价值，愈来愈失去偿还债务的税源基础，而每一届地方政府也都不愿履行偿债责任，更愿通过展期或借新还旧，将负担转嫁到下一届——长此以往，地方债务将越来越不可持续。

综上所述，由于存在"双重身份错乱"、"双重委托人监管缺失"、"双重责权分离"、"双重期限不匹配"等体制原因，我国地方政府一方面存在着不合理的举债激励，另一方面存在着多方面的预算软约束。

（五）中外比较，看地方政府债务融资风险的原因及其治理之道

在分析、总结了我国地方政府债务融资中存在的问题及其制度根源后，通过进行中外比较，将我国地方政府债务融资与国外成熟经济体之间的异、同处，进行比照、对比，将有助于我们更清楚地认识我国地方政府债务融资问题的特殊性，更清晰、全面地把握未来改革整体性的方向（具体内容详见下表）。

表 1–2　中外比较：地方政府债务融资风险的原因及其治理之道

<table>
<tr><th></th><th>中外共通的问题</th><th>中国特有的问题</th></tr>
<tr><td rowspan="4">问题根源</td><td rowspan="4">由于地方政府及辖区公众有着将融资成本向上级政府及后代转移的倾向，地方政府债务融资的“责”与“权”在时、空上并不统一，还债的人一定程度上并不是借债的人，因而存在“预算软约束”与“公共池塘”的问题。</td><td>国外成熟市场经济体地方政府的主要职能限于为辖区公众提供公共服务，而我国地方政府兼具双重身份，其职能及相关融资行为存在明显的公司化倾向。</td></tr>
<tr><td>与国外成熟市场经济体地方政府收入来源主要靠依法向辖区企业与居民征取税收所不同的是，中国地方政府的收入来源中，税收性收入不足，地方政府有较大的“创收”空间，造成其融资行为不规范。</td></tr>
<tr><td>从地方政府治理结构看，我国地方政府来自上级政府的法治化管理与来自公众的监督机制有待建立，来自贷款方的约束亦不足。</td></tr>
<tr><td>资本市场不完善，造成地方政府债务融资过多依赖银行贷款，项目收益期与银行还款期不匹配，使地方政府较易面临流动性风险。</td></tr>
<tr><td>问题表现</td><td colspan="2">中外地方政府都存在过度融资的倾向，在国外可能是为了讨好辖区内的民众而超出自身财力提供过多的高福利，而在中国，则主要是透支未来经济增长潜能，盲目追求经济高增长。</td></tr>
<tr><td>解决之道</td><td>上级政府对地方政府进行债务规模控制，限制其将成本与风险向后代的过度转移；建立地方政府破产制度，将风险内部化，由此增强公众的监督力；完善市场，倒逼地方政府改善信用状况。</td><td>除借鉴国外发达国家的这些经验外，还应从财政体制改革、地方性政治体制改革、银行与资本市场体制能多方面改革入手，增强自上、自下、自资本市场的三重约束，从而解决地方政府“双重身份错乱”、“双重委托人监管缺失”、“双重责权分离”、“双重期限不匹配”（除短贷长投之外，还存在着还款周期与官员任期的不匹配）等问题。</td></tr>
</table>

五、对当前地方债风险的总体评价与判断

（一）过度的地方债造成了经济系统的“亚健康”

在我国的现有体制下，当地方政府债务风险超过一定规模，并传导到银行系统时，最终往往要靠中央政府以货币化的方式来解决。货币化虽能稀释债务压力，但必然会引发通货膨胀。风险的制造者没有承担风险，并不等于风险没有了，而是产生了风险的“外扩”及“后移”效应——风险被外部化到整个经济系统中，增加了全社会的长期潜在风险。总之，目前的情况是：病未在局部“发”出来，但却扩散于整体，造成了整个经济系统的“亚健康”。

（二）已发生一定程度的“非典型债务危机”

我国的地方债风险，属“非典型债务危机”。在典型的地方政府债务危机中，先出现地方政府的普遍违约，伴随地方政府违约率升高，危及到国家信用，以下四个症状出现并恶化：（1）债务负担影响到地方政府提供公共服务的能力；（2）干扰了金融市场的健康发展；（3）减少了基础设施的增长空间；（4）实体经济的增长潜力受影响而出现下滑。而目前，在我国，表面上地方政府性债务的违约率并不高，但这是我国的制度特殊性使然，违约率指标并不能如实反映真实风险状况，上述的四个“症状”已在不同程度上出现。

（三）风险近期可控但长期不可持续

由于中央政府及时控制了的地方债规模继续膨胀，国家信用尚未危及，几个症状的严重程度也得到了控制。但目前情况好比一个病人的急性症状已得到控制，但慢性症状仍需调理，不容忽视。

前几次我国地方政府债务风险出现后，最终都是主要靠随后的经济高速增长来逐渐化解的。过去推动经济持续高速增长的几大增长动力源，如低成本出口加工业、地方政府主导的大规模基础设施建设、房地产投资等，未来的增速很可能会出现明显回落，已难以重现以往的高增长态势。此外，要推动经济转型发展，政府还需要支付比以往更多的改革成本、社会成本与环境成本。这种情况下，沿用以往通过经济高速增长来化解债务风险的做法，已失去基础。地方政府通过大规模债务融资来扩大投资的做法，显然已难以为继。

六、地方政府投融资模式转型的必要性与紧迫性

（一）地方政府主导大规模投资增长的发展模式已完成历史使命

我们应历史、辩证地看待地方政府投融资模式的作用与问题，从而把握未来变革的正确方向。立足于我国的特定现实，在历史给予的发展机遇十分难得的情况下，发展是硬道理，只能先把经济发展起来，再治理发展中的问题。地方政府投融资的独特制度安排大大减少了其他国家由于土地私有化以及地方政府在土地开发中的弱势地位带来的扯皮和效率低下问题，使得我国的城镇化和工业化可以更高效、有序地向前推进，没有这一独特的中国模式所起的作用，中国很难在短短时间里，成为了“世界工厂”与第二大经济体。但是，这个模式又是不可持续的，过去利大于弊，未来将弊大于利。理论上讲，可持续有两种情况，一是一开始就是采取安全、稳妥的可持续模式，但这可能并不是最佳的。二是在一种模式完成历史使命后再转换到另一种模式，而实现可持续——这应该成为中国改革的独特路径。

如果说，在过去的近二十年间，市场化改革让民营经济一下子进入前所未有的发展空间，从小到大、从不规范向着规范一步步发展起来，地方政府与这一时期的民营经济之间，尚存在较多的默契与双赢的话，那么，在未来，但硬件环境已大为改观，民营经济进入新的发展空间受阻，企业家阶层与社会公众越来越渴望法治化的治理环境之时，地方政府的公司化倾向与弱法治化的特征，将不可避免地对民营经济、实体经济的进一步升级与发展，产生更多的制约与阻力。

“高储蓄、低利率、高政府收入”所支持的地方政府高投资因为“人口拐点、地方债风险、土地财政透支、房地产风险、基础设施投资边际效益下降”等因素而将越来越难持续。地方政府领跑经济增长，已跑不动了，该让位了。让市场机制在更大范围内充分发挥提高资源配置效率的作用，经济增长才能获得可持续的动力。这就需要深化改革，进一步理顺政府与市场关系，让地方政府从以往“越位”的地方，一步步退回来。为此，必须以法治化为主导方向，推动地方政府改革全面转型。发展的可持续性，意味着发展模式要克服短期化，而这客观上要求地方政府施政目标与手段的长期化、法治化。

（二）中国模式“升级版”呼吁地方投融资模式“升级版”

我们认为，经济增长要实现最优化，需要总量适度、结构合理、增长均衡的地方政府投融资，因此，“地方政府债务融资可持续性”，应是多重内涵的可持续：总量上要实现规模适度的可持续，空间上要实现结构优化的可持续，时间上要实现均衡增长的可持续，而这一切需要在制度层面上完成模式转型的可持续。

中国模式需要深刻转型调整，作为中国模式一个重要构件的地方政府投融资模式，也就必然需要深刻转型。满足未来经济发展与改革的新需要，我们需要打造服务于中国模式“升级版”的地方融资模式“升级版”。

未来中国经济增长将更多依靠新型城镇化与内需消费来拉动。从新型城镇化的需求来看，有两个领域仍需要地方政府投资发挥较大作用：一是目前城镇化率较低与基础设施建设完成度较低的区域，二是社会性基础设施薄弱的领域（如环保、保障房、教育与医疗、农村基础设施投资等）。而另一方面，提高内需消费，也并不意味着投资要下来，地方政府投资与支出要下来。未来仍相当程度上需要投资、包括地方政府投资来促进实体经济的健康增长与居民部门的福利完善，关键是要把地方政府投融资拉回到“公共服务主体”的轨道上来。

建立能够满足未来中国经济增长这些新需要的地方政府投融资模式，关系到中国模式能否成功转型以及未来中国经济新的增长潜力能否充分释放。因此，可以说，服务于中国模式可持续调整的地方政府融资模式调整，能保证国民经济实现增长可持续性的新型地方政府融资模式的建立，是更高层面的地方政府债务融资可持续性的应有内涵。新型城镇化需要与之相匹配的地方政府投融资新模式，“内需导向为主”的未来发展战略也需要地方政府实现转型——完成从“经营城市、与民争利”的角色错位到“服务城乡、让利于民”的角色回归。

七、未来改革的总体框架设计：远景目标、实施路径与主要措施

（一）远景目标

依据党的“十八届三中全会”为我们制定的改革总路线图，我们认为，未来地方政府投融资体制改革的远景目标应从根本上立足于解决地方政府、民营

实体经济与金融市场三者间的制度扭曲与错位，建立与国家治理体系现代化相适应、与新型城镇化相适应的新型地方政府投融资体制——这是打造服务于中国模式“升级版”的地方政府投融资模式“升级版”的战略需要。

（二）实施路径

服务于这一改革的总体愿景，未来地方政府投融资体制改革，根本在于“四化”:（1）地方政府融资方式市场化；（2）地方政府投融资决策民主化；（3）地方政府债务管理法治化；（4）地方融资平台“分类规范化”。

逐步推进市场化与法治化，建立地方政府债务风险全方位的约束机制，是有力防范地方政府过度举债道德风险的关键。地方政府的道德风险与目前体制改革不到位有关。财政分灶吃饭之后，财政大锅饭的问题并未解决，地方政府并不是大量地方政府性债务法律意义上的举债主体，偿债责任并没有完全落在实际的举债人头上；法律不让地方政府举债，因为它不具备作为合格的市场参与者进入资本市场的条件，但它还是以“走旁门”的方式进入了，形成了一个不规范的市场，地方政府的债务融资行为，从各个角度看，都有违背市场纪律之处，比如，缺乏财务信息披露，就意味着你向公众借了钱，但公众对你的财务状况、资金用途，一无所知。债务骤增后风险外化，就意味着这个市场的外部性监管缺失了。上级政府为了保持稳定所采取的措施（比如要求银行展期、给予资金援助等），往往牺牲了市场纪律，为维持表面的可持续，却牺牲了制度性可持续的基础建设。

因此，以此模式来进行债务融资，除了看得见的成本与风险，还有看不见的成本与风险——就是损害了全社会的市场与信用基础。地方政府进入的是一块不规范的市场，难以成为合格的市场参与者，这也会推延政府治理结构改革、政治文明建设的进度。

成熟的经济体，其基础是成熟的市场经济，成熟的市场经济必然是法治经济。未来，通过推行“四化”，地方政府融资一头有来自资本市场的市场约束，另一头有来自中央政府与公众的法治约束，就好办了。现在是，一头市场约束不力，另一头主要靠中央随机性的行政手段。中央以临时性、随机性、不成熟的方式对待地方政府的债务融资，地方政府则以“对策”应对“政策”，这“猫捉老鼠，老鼠躲猫”的游戏不断循环，地方政府的行为如何能变得成熟？长此以往，无法造就与法治经济相匹配的完善的中央——地方治理结构，与市场经济高级化相匹配的成熟的地方政府部门。

要保证上述“四化”顺利推进，未来改革应明确以下七点原则：一是中央对地方债务的管理法治化、规则化、常态化。二是地方政府成为独立财政主体，财源结构优化。三是完善多方位的约束机制，促使地方政府成为地方债务市场合格的市场参与者。四是完善金融市场，发展直接融资资本市场，分散风险源，解决期限错配问题。五是让民间资本充分进入基础设施与公共服务建设领域；鼓励民间非赢利公益性组织的发展。六是积极推进土地与财政制度改革，从目前的“卖地模式”逐步转为国际通行的“租地模式”，逐步消除地方政府过度依赖土地财政的制度根源。七是完善制度，为实现不同群体与代际间的公平性提供制度保障，使地方债务融资各利益相关方，对成本、风险、收益的分担、分享，尽量公平化、合理化。

（三）主要措施

目前地方政府债务融资从需求、渠道、使用、监管等各环节都存在着问题。是转轨期诸多体制改革未到位所造成的，因此，未来只有从多方面入手，整体推进改革，才能取得根本上的解决。

1. 转变政府职能，让地方政府回归公共服务型政府

地方政府财政收入来自于公众，这些钱应拿来做公众不能做或做不好的事情，而不应用这些钱与民争利。在地方经济发展中，政府不能唱主角，而应该是“为唱戏的搭台”。未来应按照建设法治政府和服务型政府的要求，切实政府职能，管好公共事务，发展经济的任务应交给实体经济、民营经济。

2. 完善地方债务风险的法治化管理体制，建立全方位的约束机制

首先，应完善中央对地方政府债务管理的手段与方式。过去，中央对地方，钱没给够，只能默许地方靠卖地、举债，来搞发展与提供公共服务，但法律上对举债又是明禁的，规则没到位，监管就不可能到位，不能常态化，只能时松时紧，安全与效率、眼前利益与长远利益、局部利益与全局利益，难以兼顾。风险管理机制常态化，首先，规则就要制定得合理——兼顾“国”与“民”、中央与地方利益。规则合理，才是可实行的——一方面易于地方遵守，另一方面易于中央监管。这样，通过逐步完善监管框架、发展监管能力，不断扩大地方政府融资规范化、法治化的范围，地方的举债行为与中央的风险管理，都将趋于规范与法治化。

其次，应建立全方位的约束机制。过去，地方债风险是如何外部化的？原因是地方政府缺乏自律（自身软约束），“他律”也只有中央行政化的调控与管

理，作为仅存的唯一约束力。当来自中央、债权人、公众三方的约束都弱时，债务就会爆发增长。未来应加强三方的监督、约束，并通过引入事后惩罚机制、责任追溯机制，增强其自律性。

从制度建设视角看地方政府债务如何实现可持续，实质上是要地方政府债务资金“前中后”、“借用还”三个环节都要健全管理制度——包括规模控制机制、使用监督机制及违约处置机制，这样在三个环节都缺乏自律的情况下，能有效地引入“他律”（即外生性的制度约束）。那么，地方政府在借上的盲目、在用上的低效、在还上的拖欠，就都将受到有效抑制。

3. 正视地方政府融资需求，处理好“放开”与“管住”的矛盾

如前所述，旧的模式显然已不可持续，但从目前看，新模式也远未建立。如果“破旧”的同时，未能代之以“立新”，旧模式就有可能在被抑制一时之后“卷土重来”，重又开始新一轮的“乱、治”循环。我们应该看到，从未来发展的角度，有很多事仍需要各级地方政府来干，但目前的财政体制下，很多地方政府财力已“捉襟见肘”，难以为继。要破此困局，只能从现在开始，积极探索为地方政府开拓“规范、安全、多元化、可持续”融资渠道的新路径。

地方政府债务融资，存在着放开与管住的矛盾。如何放开，让其发挥必要的作用？又如何管住，使其不会过度膨胀？不能只谈地方政府融资正规化渠道的开辟，这必须同时伴随地方政府治理结构的完善与规范化风险监管机制的建立，否则又会走到“一放就乱，乱后只能收”的老路上。

应以“鼓励适度、严惩过度”为严明纪律的尺度，有效的风险防范与违规处罚机制建立后，“放开”才会更自信、才会向更大的范围拓展。给了正规合理的出路后，纪律执行就要严，如展期也要惩罚。上级即使出手援助，也要让地方政府及相关决策者付出一定代价，如上黑名单、下调下一年的发债或中央援助资金的额度、地方领导若干年内不准升迁等。应借鉴美国等国家的经验，慎用上级政府的援助，条件成熟时，让技术上已破产的地方政府走破产程序。这样，就能树立以法治国的好的先例。中央对地方债务管理，从潜规则变为明规则，地方政府债务融资才能从“人治”的可持续转变到“法治”的可持续。

4. 采取增量改革的方式，以增量化存量

从现在开始，主动在不规范的市场之外，通过改革试点，建立起一块规范市场，然后发展、扩大，立起正面的范例，然后以不断增长的增量去“化”存量，促地方政府向合格的市场参与者转变。这么做的意义还在于能从经济领域促地方政府的治理结构改革。让地方政府规范地进入资本市场，或许能够倒逼

地方政府增加财务公开与信息透明度，使其投融资行为更多地受到外部约束。

在选择改革试点地区时，可优先选择部分财政状况较好、偿债能力较强、资产雄厚、未来现金流充裕、信用度较高的地方政府，依据科学的风险控制指标，确定其自主发债的规模上限，采取上报备案的方式，由中央监管部门给予及时的风险监控与管理。

5. 借鉴国外有益经验，建立类似破产制度的危机处置机制

从国外经验看，引入地方财政破产制度，是保证地方政府举债成本内部化的重要手段。如果存在中央和上级政府对偿债的隐性担保，借债方普遍存有中央或上级政府兜底的预期，自身弱信用的地方政府也会因此而获得强信用，不仅地方政府敢借，银行也敢贷，资本市场的投资者也敢买（债券）。要彻底改变中央或上级政府信用支持导致借债方债务风险外部化的状况，必须促使地方政府成为独立承担债务风险的财务主体和责任主体。这就要求切断地方政府信用与风险外部化的机制，迫使地方政府按照市场规则、依据自身信用从市场融资，同时自担债务风险。

不过，需要指出的是，要建立法治化的地方政府破产制度需要其他的制度条件也要到位，比如说，中央与地方之间的分税合理，中央与上级政府采取不援助立场才有合理性的依据。同时，地方政府受到决策民主化“自下而上”的制约时，让地方政府走破产程序，才不会引起较大的民怨。因此，应采取“近期治标与中长期治本”相结合的渐进式改革方案：近期应以针对官员个人（决策者）的行政性处罚为主；中期过渡到行政手段与司法手段相结合的体制；远期，再逐步过渡到法治化的地方政府破产制度。

应将事后处置与事前监督结合起来，将处罚机制与奖励机制结合起来。同时，还要切断地方政府的“其他后路”，比如，切断其与银行的私下交易，切断上级的变相援助等。否则，如果还有其他“旁门”可走，类似破产制度的制度安排就可能会“形同虚设”。

6. 推进试点，探索地方性政治体制改革

法治化是地方政府信用建设的重要基础。应增强人大的独立性、司法的独立性，形成多方的权力制衡机制。司法独立于地方行政系统，是地方政府在融资领域进入市场后，能够守好市场规则的又一重要前提。

应改革地方官员的选用、提拔与奖励机制。缺乏“自下而上”的评价，地方政府在执政中，也会更容易忽略生态环境、法治环境、社会公平等“隐性公共品”的提供。未来，应改革政府官员业绩考核制度，在干部升迁考核中，引

入民意测评机制；要求地方政府编制中长期的投融资规划，由本级与上级“人大”批准后，对社会公布。将一揽子债务控制指标纳入干部升迁考核范围，作为一条“硬杠杠”，并公示于众，接受公共的监督。

7. 突破部门局限，从权宜性的改革转到以“长期愿景为导向”的改革

中央决策部门应站在全局来通盘考虑，为地方融资开辟合法、规范的融资出路，然后，将其纳于长期性规则化的管制之下。如果中央对地方债务的管理缺乏法治的高度，就会让地方政府对中央政策缺乏长期稳定性的预期，这就会从制度安排上鼓励地方政府在投融资领域倾向于采取投机性、短期性行为；地方政府决策与执政理念的短期性，进而会影响民营部门企业，也都不愿作“长线投资”的打算，从而削弱整个国民经济的创新竞争力，不利于未来经济增长完成“质的转变”。

8. 在基础设施领域扩大民间投资，减轻政府融资压力

将一部分经营性、准经营性的基础设施项目向民营部门放开，可以减轻政府的债务融资需求，减轻其负债压力，增加基础设施项目的投资效率。应积极推进 PPP、项目融资、投资基金、资产证券化等融资模式创新，开发多种市政债金融产品，吸引社保、养老金基金等追求长期稳定回报的资金进入基础设施投资领域。

9. 盘活地方政府性资产，扩大偿债资金来源

虽然地方政府拥有的国有资产经营效率普遍不高，但资产规模较大，相当一部分是具有赢利前景的，可考虑出售一部分地方国有资产，出售资产所得资金可用来解决地方债务问题，或用作下一步地方基础设施投资的建设基金。

10. 理顺事权与支出责任关系，弥补基层政府融资能力缺口

越是中西部落后地区层级低的地方政府，自主财源越少，承担债务负担能力越弱，而进行基础设施与公共投资的边际效益反而越高。这些欠发达地区的基层地方政府往往存在明显的融资能力缺口。未来，应增加上级财政的转移支持力度，调整各层级政府间的财税分享比例，使这些地方政府拥有规范、稳定、较为充足的财税收入来源。

11. 完善对债权人的金融监管，从资金源头管控风险

在政府行为法治化水平较低的环境下，地方政府常常通过各种手段向当地银行施压，以求得建设资金的支持。而商业银行作为企业，在信贷配置上难以抗衡来自地方政府施加的行政影响。将来建立起规则化、规范化的债务融资制度后，也应适度限制地方政府向当地金融机构融资，如对银行向地方政府贷款

实施规模上限控制等。

参考资料：

田芸、高盛：《中国政府负债占 GDP 近一半 地方政府需财政改革》，经济观察网。

廖淑萍、叶蓁：《中国银行：高度关注我国政府债务可持续性》，中国银行网站。

周天勇：《以公共财政化解地方政府债务》，《经济研究参考》2004 年第 39 期。

林晓宁：《中国地方政府债务的现状和可持续性研究》，《中国管理信息化》2012 年第 1 期。

刘立峰：《地方政府建设性债务的可持续性》，《宏观经济研究》2009 年第 11 期。

刘利刚等：《地方政府债务不足为患》，《财经》2011 年第 6 期。

李明亮：《中国公共债务：可持续性和影响》，海通证券网站。

马骏：《政府净资产为正并不意味着没有债务风险》，凤凰网。

黄珊、雷良海：《基于可持续性的地方政府债务承受力分析》，《市场周刊·理论研究》2011 年第 11 期。

洪源、李礼：《我国地方政府债务可持续性的一个综合分析框架》，《财经科学》2006 第 4 期。

张春霖：《如何评估我国政府债务的可持续性》，《经济研究》2000 年第 2 期。

日凌：《现行体制下我国“土地财政”问题的解决》，《经济师》2009 年第 5 期。

谢博文：《对我国地方政府债务风险的研究》，百度文库。

杜威：《中国经济转轨时期地方政府债务风险问题研究》，辽宁大学，2004 年。

刘蓉、黄洪：《我国地方政府债务风险的度量、评估与释放》，《经济理论与经济管理》2012 年第 1 期。

类承曜：《我国地方政府债务增长的原因：制度性解释框架》，《经济研究参考》2011 第 38 期。

张丹：《我国地方政府支出与经济增长的关系研究》，东北财经大学，2010 年。

夏颖：《地方政府债务风险与地方财政可持续性研究》，《东岳论丛》2010 年第 8 期。

招商银行（香港）：《中国病人——宏观经济视角看中国地方政府债务问题》，百度文库。

财政部预算司：《世界银行专家谈地方政府债务管理理论及国际经验》，《经济研究参考》2009 年第 43 期。

财政部驻深圳财政监察专员办事处：《解决地方政府性债务问题的突破口》，财政部网站。

海通证券研究所：《中国公共债务：全景测算》，《海通证券宏观研究》2011 年。

Sugata Ghosh, Iannis A. Mourmouras : *Debt, Growth and Budgetary Regimes, WILEY ONLINE LIBRARY,* 2004.

第二章　对地方政府债务融资若干问题的思考

本专题研究认为，基础设施“配置上规模的初始集聚性”使通过举债融资建设更有利于提高供给效率、增加代际公平性；现阶段我国地方政府出现过度负债，既有分税制改革导致地方政府财权、事权不匹配、中央隐性兜底助长过度负债的体制原因，也有中央“只请客不埋单”的政策性原因，更有对过去长期欠账进行补课和当前正处于需求快速增长的阶段性特征。而面对快速增长的需求，在法律禁止发债情况下，银行与地方政府间的特殊联系、一定时期内银行贷款可以“只付息不还本”的可能性等，导致我国地方政府举债过度依赖银行信贷有其制度性。基础设施的投资低回报率及其服务期限与现行银行贷款期限的不匹配，使银行贷款“展期或贷新还旧”可能是技术性化解风险的一个有效举措，更有助于缓释风险，不应受到过多指责。不同的债务工具有其局限性和适用性，不同金融体系国家对银行贷款和地方市政债券采取不同态度，发行市政债券并非是解决政府融资需求的唯一出路；同时，国外对地方举债一般进行严格管制，中央对地方举债进行行政审批是常用控制手段。对于债务风险控制，国际上并不存在一个普遍适用的债务风险警戒线，相同债务率水平下是以内债为主还是以外债为主、债务用于建设还是消费，其发生风险的可能性完全不同。解决地方政府债务问题之道，关键是开正门、关后门，给予政府举债融资合法地位和合法渠道，让明规则替代潜规则，有堵有疏，疏堵结合，多元化融资，分散风险。

地方政府债务问题是近年来各界极为关注的一个问题，也是涉及到财政金融风险和经济可持续发展的一个重大问题。目前，我国地方政府债务呈现出不断扩大趋势，个别地方本级政府负有偿还责任的债务率已超100%，出现资不抵债现象，对中国经济发出警讯。地方政府为何要举债，为何会出现过度负债和过度依赖银行贷款，发行债券是否能解决全部问题，如何解决地方政府的融资难题？这些都是需要我们深思和探讨的问题。

一、地方政府为何需要举债？

地方举债为何会不量力而行？当我们去指责地方政府的时候，我们是否认真思考过其行为背后的原因，如何理解地方政府这种明知不可行而为的理性选择行为？实际上，允许地方政府举借债务是许多国家的通行做法，举债不仅是发达国家地方政府普遍采用的融资手段，而且也越来越受到发展中国家的重视。据统计，世界53个主要国家中，有37个允许地方政府举债。①

从理论上来讲，地方政府负债运行具有客观必然性，这是由政府职能所决定的，也是基础设施的不可分性和成本与受益的代际公平性所决定的，是政府事权与财政实力不相匹配、财政收支的时间与数量不相匹配所导致的，而这种不相匹配或不一致是不可避免的，地方政府适度举债具有效率与公平两方面的合理性和必然性。

（一）提供基础设施类公共产品是政府的重要职能

政府是社会公共事务的管理者，也是公共产品和服务的提供者。在市场经济条件下，政府经济活动是社会资源合理配置不可或缺的重要组成部分，在解决市场失灵、弥补市场机制缺陷方面发展着关键作用。许多基础设施尤其是低收费和难收费的公共基础设施和公共服务设施具有（或部分具有）公共产品的特性，人们在这类物品上的消费往往存在“搭便车”心理，追求投资收益最大化的市场化企业不愿意生产和提供，从而在基础设施和公共服务设施的提供上出现“市场失灵”，必须通过非市场化的方式来提供。由于基础设施在供给上存在“不可分性”和“配置上规模的初始集聚性”，通常的市场机制不能提供最合适的供给，因而基础设施的投资建设必须依靠政府干预。因此，加强基础设施和公共服务设施（以下统一简称为“基础设施”）建设，通过公共财政提

① 财政部预算司：《国外地方政府债务管理经验比较与借鉴——国外地方政府债务管理情况综述》，《经济研究参考》2008年第22期。

供公共产品，就成为政府的一项重要职能。

（二）通过举债融资建设基础设施更有利于提高供给的效率性

大量的基础设施尤其是网络型基础设施，供给上存在“不可分性”，在投资建设方面具有“配置上规模的初始集聚性”。这种“配置上规模的初始集聚性”主要是因为基础设施项目规模大、配套性强，必须同时建成才能发挥作用，因而一开始就需要有最低限度的大量投资作为其创始资本，使其短期内只有一次性地、大规模地、全面地建成，否则，如果一部分一部分地建设，则不仅短期难以形成有效资产，不能投入使用，在没有完工之前的长期内也不能发挥作用。如铁路、地铁、城际铁路不能只建一小段，必须一次性投资建设，多站连接一线和两城市间形成连接，并且还需要站场、通信设施等各种配套设施，才能运营而发挥作用。自来水、燃气设施，不仅要建设饮用水源和自来水厂、燃气生产厂，还要配套建设自来水管、燃气管并且必须形成网络，才能向企业和居民供水、供气。因此，基础设施必须有一个最小规模的大额投资，才能建成并形成生产能力。否则，如果投资量小，或工种不配套，即使主体项目建成也无法使整体项目竣工投产，项目不能正常投入使用而产生效用，甚至可能因配套不足和长期不能整体建成投产，最终可能半途而废甚至造成浪费。

在城市化快速发展阶段，随着经济发展、收入水平提高和人口规模的扩大，社会对基础设施产生越来越大的需求，而基础设施一般投资规模大，这必然要求政府在一定时期内投入大量建设资金，以加大基础设施投资力度、增加基础设施供给。从大的方面划分，地方政府用于满足大规模基础设施建设需求的资金来源只有三个，一是由税收和规费组成的预算内与预算外资金，二是土地等资产出让收益，三是举债。无论是本级的预算资金还是来自于上级转移支付形成的财政收入，都与当年的 GDP 保持一定比例，一般情况下是一个相对稳定的水平，不可能也不应该急升、急降，在面对基础设施建设短期内会出现对投资资金需求的急剧增加时，由政府税收、规费等形成的资金供给与基础设施建设资金需求在时间和规模的不对称性、不匹配性越来越明显，政府财政收支缺口越来越大。除非提高税率和收费水平，由此加重社会税负来增加当期财政收入，否则就只能减少基础设施建设支出，或放缓建设速度，以待财政资金逐年积累到一定规模后再进行投资建设，这将会导致基础设施不能一次性建成投产而不能发挥应有作用，社会对基础设施的正常需求得不到有效满足，对经济社会发展产生严重的抑制作用。来自于土地等资产出让的收益终究因资源的有限性而不可持续，而且羊毛出在羊身上，过高的资产价格最终也会反映到社会成本的增加和社会负担的加重。面对基础设施建设存在的巨大资金缺口，唯一可行的办法就是通过举债来筹集资金，举债是把已经形成的储蓄资金的一部分用于基础设施建设，不会导致社会税负的增加。这就如同一个企业在进行扩大再生产的固定资产投资时，当由利润留成等形成的自有资金不足以满足投资资金的需求时，要么进行外源性融资而用未来收益偿还债务，要么不投资，但不投资就意味着企业规模不会扩大、收益不会增加，甚至会在竞争中被淘汰。

（三）通过举债融资建设基础设施更有利于增加成本—受益的代际公平性

基础设施的使用和受益期限很长，往往长达几十年甚至更长，这使由当代人短期内大规模投资建设形成的基础设施，不仅供当代人使用，也供后一代人甚至后几代人还继续使用这些设施，后代人从当代人的投资和成本付出中获得收益，从而形成基础设施收益的代际外溢和财富的代际转移。如果基础设施的投资成本全部由当代人承担，而后代人只享受收益，则会形成成本—收益在不同代际之间形成代际不公平，当代人“向后代人转移”了财富，同时后代人“向当代人转移”了成本，这会降低当代人投资基础设施建设的积极性。而举债投资则通过提前使用未来的部分财政收入，让后代人通过偿还债务而与当代人一起共同承担基础设施的建设成本，从而有助于消除成本—收益的代际不公。甚至后代人会因基础设施的有效供给促进经济社会更快更好发展所带来的社会整体收益的增加，实际上可能并没有增加税负，甚至税负会因此而被降低。

因此，推进城市化进程中，在地方政府年度财政实力有限、基础设施建设出现巨大资金缺口时，通过举债搞建设不仅极为必要，而且相对更为合理，只要量力而行，无可厚非。

二、我国地方政府现阶段为何会出现过度负债？

现阶段我国地方政府出现过度负债的原因有许多，既有体制性原因，也有政策性原因，同时也有其阶段性特征。

（一）过度负债有其体制性原因

一是 1994 年的分税制改革，导致地方政府财权不大，事权不小，迫使地方政府过度举债。尽管地方政府在建设中出现了一些形象工程、政绩工程，但这并不是地方过度举债的关键原因，关键是地方政府财权与事权不不匹配的财税体制造成的。1994年的分税制改革，建立了中央和地方之间分税制财政体制，但在中央与地方、上级政府与下级政府间却并没有建立起财权与事权相匹配制度和规则，对由“税收包干”所引发的中央财力不足和宏观调控能力较弱的调整，导致“财税权不断上收、事权不断下放”，财税权上留给地方政府的多是些税源分散、征管难度大、收入不稳定的中小税种，而地方政府承担了较多的中央政府下移的事权，结果导致中央财政的收入比重提高，由1992年的22.0%提高到2002年的55.0%并在此后一直在50%以上（2011年降低到49.4%），与此相反，地方的财政支出占比却不断提高，由2000年的65.3%提高到2011年的84.9%，很多本来应由中央财政承担的支出责任也下放到地方（如教育、社会保障和就业、医疗卫生地方的支出比例2011年分别达到93.9%、95.5%和98.9%）。在财权重心向省级、向中央上移，事权重心由中央向省级、省级向市级、市级向县级政府层层下放的过程中，地方政府面对超出其财政能力的刚性支出压力，负债甚至过度负债以维持运转，就是地方政府不得不为的无奈之举和必然选择，是地方政府被动举债行为形成的重要原因。尽管近年来中央财政加大了对地方转移支付的力度，但省以下政府获得的转移支付规模偏小，力度不够，不足以解决资金缺口问题。

二是行政管理体制改革进展缓慢，政府职能转换不到位，助长地方政府过度举债。除公共服务职能外，促进地方经济发展成为地方政府的一个重要职能，地方经济发展速度如何不仅为地方政府所重视，也是上级政府列入政绩考核的一项重要内容。面对地区间的竞争激励，在地方官员由上级任免、异地调动不受债务风险约束以及现有政绩考核制度下，任期目标短期化的地方政府都热衷于通过增加支出带动经济增长，又没有预算硬约束机制和债务审查、监督与追偿约束机制，本届政府任期内借的债可以留给下一届政府来还，过度举债不仅不会影响到升迁，反而会因鲜亮的政绩得到高升，这种体制促使地方政府为追求政绩而大量甚至过度举债。

此外，单一体制国家下中央隐性兜底的存在，也会助长过度负债。作为单一制国家，我国的地方政府是在中央政府统一领导下行使职权，地方政府因债务过多而无力偿还时，中央政府不会坐视不管，会通过各种方式给予化解，尤其是这还涉及到社会的稳定，地方政府因债破产的可能性很小，地方过度举债背后暗含着中央隐性兜底的可能性。同时转移支付在地方财政支出中的比重高，又缺乏严规范的制度安排，随意性较大，地方政府间对中央财政资金形成一种竞争关系，地方还债责任向中央转移成为争夺中央资金的一种变相形式。多年的实践证明，哪个地方政府的行动超前于政策和合理违规，那个地方政府就能得到好处，干预过度举债实际上也是对中央政策和中央财政资金的一种争夺方式，这助长了一些地方政府过度举债的冒险行为。

（二）过度负债有其政策性原因

宏观政策调整带来的政策性负债和基础政府与欠发达地区执行国家统一公共服务标准等而背负债务等，是地方政府过度负债的重要原因。

根据国家审计署的审计报告，到 2008 年年底时我国地方政府的债务余额仅 5.57 万亿元，而 2009 年一年就增加了 3.45 万亿元，2009 年债务余额比上年增长 61.92%，到 2010 年年底的债务余额是 2008 年的 1.92 倍，2 年内所增加的余额就相当于 2008 年前多年累积的数量，地方政府债务的增长具有极大的突发性和政策推动性。2008 年中央推出 4 万亿投资刺激计划，要求地方政府给予投资项目的资金配套，2009 年初央行与银监会《关于进一步加强信贷结构调整促进国民经济平稳较快发展的指导意见》提出“支持有条件的地方政府组建投融资平台……拓宽中央政府投资项目的配套资金融资渠道”，从政府推出 4 万亿元刺激计划开始到银行业监管机构对地方政府设立投融资平台给予肯定和鼓励，地方政府融资平台如雨后春笋般涌现出来①，各地一方面为套取中央资金，不得不通过举债解决配套资金，另一方面抓住“有利时机”、通过举债大上基础设施建设项目。2009 年地方政府性债务规模的急剧增加，完全是宏观刺激政策和过度宽松货币政策导致的后果。

中央“只请客不埋单”的政策，也是导致地方政府过度举债的重要原因。提供公共服务是政府的责任，在“财政上收、事权下放”格局下，为满足不断增长的公共服务需求，中央频频出台提高公共服务供给水平的各项政策，制定了许多要求达标的标准和考核办法，但许多项目中央只例清单不给钱，或要求地方政府给予配套，对于许多财政贫瘠、连“吃饭财政”都在艰难维持的基层政府和经济欠发达地方政府，面对“中央只请客不埋单”的政策，地方政府在没有正常财力保障情况下，只能通过举债“埋单”以落实“请客”政策。地方

① 银监会的统计数据显示：到2009年5月末，全国各省、区、直辖市合计设立8221家投融资平台公司，其中县级平台高达4907家。《2010中国区域金融运行报告》显示，截至2010年年末，全国共有地方政府融资平台1万余家，较2008年年末增长25%以上。

政府这种被动的政策性负债，不仅是当前地方政府过度负债的一个重要原因，也成为各种主动负债的一个重要诱因。

（三）过度负债有其阶段性

在阶段性特征上，即地方政府大量、过度负债有其阶段性，并不一定就是一个长期的过程和行为。这种阶段性主要表现在，这是我国大规模的基础设施和公共服务投资建设时期出现的，是现阶段经济社会发展需要所决定的阶段性。

一是对过去长期欠账进行补课的阶段性。与欧美百年前的基础设施目前仍在使用不同，我国是在一穷二白的基础上搞建设和发展工业，由于经济发展水平低、建设资金缺乏，大量基础设施和公共服务需求被抑制。近年来，随着经济发展和建设能力的提升，被长期压抑的基础设施投资需求在短期内开始大规模集中满足和释放，但这种弥补欠债的集中建设，不可能完全依赖于政府的财政资金，必须通过举债才能满足大规模建设的投资资金需求。

以铁路建设为例，过去每年仅数十、数百亿元的投资规模，1980—1994 年每年铁路营运里程仅增加 400 多公里，而 2009 和 2010 年 2 年增加的里程就相当于 1981—1996 年 16 年增加的里程（参见表 2-1）。我国目前铁路线路总长度还不到 10 万公里，人均铁路长度和路网密度在全世界处于最低水平，这与我国国土面积的大跨度和大量人流、大宗物流长途转运的需求极为不适应。近年铁路的大投资、大建设，也仅仅是对过去几十年长期欠账的短期急剧补偿，这必然带来铁路建设投资的大规模急剧增加。不仅仅是铁路，公路、城市基础设施等许多领域的投资建设都存在同样的补欠账情况，而这种补课是有阶段性的，由此导致的举债也具有阶段性，不应该、也不可能成为长期行为。

表 2–1　铁路历年基本建设投资规模

	投资额（亿元）	投资增长（%）	营运里程（万公里）	营运里程增加（公里）
1996	562.6	5.8	6.49	2500
1997	605.7	7.6	6.6	1100
1998	731.2	20.7	6.64	400
1999	782.1	7.0	6.74	1000
2000	770.7	-1.5	6.87	1300
2001	797.9	3.5	7.01	1400

续表

	投资额（亿元）	投资增长（%）	营运里程（万公里）	营运里程增加（公里）
2002	839.1	5.2	7.19	1800
2003	706.0	-15.9	7.3	1100
2004	846.3	19.9	7.44	1400
2005	1267.7	49.8	7.54	1000
2006	1966.5	55.1	7.71	1700
2007	2492.7	26.8	7.8	900
2008	4019.4	61.2	7.97	1700
2009	6660.9	65.7	8.55	5800
2010	7622.2	14.4	9.12	5700
2011	5915.0	-22.4	9.32	2000

资料来源：国家统计局《中国统计年鉴 2012》。

二是正处于需求快速增长的工业化、城镇化加速发展阶段。在工业化、城镇化快速发展的时期，物流尤其是大宗物流的急剧增加对基础设施产生巨大需求，人口的集聚和城镇数量与规模的扩张，带来城镇基础设施和公共服务设施需求的快速增长。而且由于我国经济保持着高速发展态势，目前工业化、城镇化正处于加速发展时期，这对基础设施的需求呈加速增长趋势，这就导致对基础设施投资和资金需求的加速增长。我们用三十年时间完成了西方国家约一百年的经济发展历程，那么在同样情况下，我们的基础设施建设速度也就至少要快三倍多才能赶上发展的需要，再加上需要“补课”和“适度超前建设”的需要，短期内的基础设施投资需求就急剧增大。如始建于 20 世纪 30 年代的纽约地铁网，到 2007 年时还在扩建其 7 号线。而 2007 年北京就有 6 条其线路长度与纽约地铁网相当的地铁线开工，上海用不到 20 年时间就拥有 11 条地铁线路。如果不举借债务，这种短期集中的大规模基础设施建设是不可能实现的，但如果不建设，则从长期看资源配置效率和社会福利损失更大。但是，工业化、城镇化并不是一个无限加速、没有止境的过程，当我国工业化进入后期、城镇化率达到 70% 左右后，基础设施达到比较完备的程度，就不会再有大规模的新增基础设施投资建设，从而为基础设施投资而负债的状况就会大为改善。如美国铁路在高峰期时达到 40 多万公里，现在仅 23 万公里，就是工业化、城镇化达到相当高水平、产业结构发生巨大变化、从而对基础设施需求发生变化的结果。

三是正处于体制、政策变革的过渡阶段。地方财权与事权不对等、基础设施领域对民间资本开放不足、预算软约束、GDP 主导下的政绩观、只请客不埋单政策等一系列体制、政策导致地方政府过度负债，而现行这些财税制度、行政管理体制等都还处于变革的过渡转型阶段，不可能长期存在而不变化。2013 年以来中央在加快推进取消调整行政审批事项和下放审批权限的行政体制改革，党的十八届三中全会将会重点研究深化改革问题，加快推进经济领域深化改革。随着改革的进一步深化，一些导致地方政府依赖举债和过度举债的体制、政策因素会得到有效解决。

三、为何我国地方政府举债过度依赖银行信贷？

审计署 2011 年发布的《全国地方政府性债务审计结果》显示，2010 年年底地方政府性债务余额中，银行贷款占 79.01%，发行债券占 7.06%；2013 年 6 月份发布的“36 个地方政府本级政府性债务审计结果公告”显示，36 个地方政府本级政府性债务余额中，银行贷款占 78.07%，发行债券占 12.06%。银行贷款是当前我国地方政府债务资金的最主要来源，发债所占比例并不高。

由于地方政府债务高度依赖银行贷款，人们担心随着财政收入和土地收益增长放缓，地方融资平台进入偿债高峰期，地方政府性债务一旦出现违约，是否会冲击银行业金融系统，酿成次贷危机。这种担心并非没有可能，但地方政府债务为何会高度依赖银行贷款？实际上，依赖银行信贷有其制度性。

一是我国法律规定禁止地方政府发债。《预算法》明确规定：“地方各级预算按照量入为出、收支平衡的原则编制，不列赤字。除法律和国务院另有规定外，地方政府不得发行地方政府债券。”在地方政府不得不举债的情况下，这一法律规定就堵住了地方政府发行债券和其他需要中央政府审批或公开举债的可能性，这使得地方政府不得不依赖于银行信贷。

二是我国银行与地方政府间的特殊联系使政府能较易得到银行信贷支持。我国银行虽然是商业化的银行，但主要银行都是国有性质的，国有银行给政府发放贷款，无论是对个人还是银行自身，出现政府违约时不会产生银行发放私人企业贷款违约的不利情况。从历史上看，过去国有银行给国有企业放贷出现的不良贷款，中央都给予了剥离，且这不是一次性发生，而是多次发生过。而单一体制下的地方政府并不会真的因债务问题而导致破产，出现债务不能偿还时会有中央财政兜底，银行给地方政府贷款的风险几乎为零。因为企业只承担有限责任，而政府承担无限责任，国有企业会破产，企业贷款形成的资产会消失，而地方政府不会破产，地方政府贷款形成的基础设施资产对社会来说是可能优质资产，不会因为无直接收益和无力偿还贷款而灭失，银行可以通过贷款展期和地方政府财政收入的增加，逐步回收本金和利息。在市场经济发达的国家，也存在企业“大得不能倒闭”的情况，大企业、大银行如果出现问题，政府也会出手援救，何况我国的地方政府？因此，面对地方政府的贷款需求，在现行体制和政策激励下，银行会不给地方政府贷款吗？在实际工作中，各家银行都会竞争性的向政府确定的投资项目发放贷款。

三是相对债券到期还本付息，银行贷款可以只付息不还本。十年前，我国地方政府债务余额不到2万亿元，但当时有研究认为籓地方政府的隐性债务风险已经超过不良资产风险成为威胁我国经济安全和社会稳定的“头号杀手”。①但这“头号杀手”至今变得更大，却并没有实际变成真的“杀手”，原因在于经济发展，那点作为“本金”的余额，以今天的财政收入规模看已并不算多大的规模，那么现在的10多万亿甚至更多的余额规模再过十年、二十年，也不会是一个太大的数字了。从这一点看，对于目前的地方政府债务，只要每年能够向银行支付正常的利息就可以了，这是一个可行的贷款方案。一是银行有收益（利息），收回来的本也还得为了获得利息而放出去，与其贷给其他项目还不如就放在原项目上；二是地方政府只付息的压力不大，可以还得起。至于本金，随着地方经济发展、财政收入增加，十年、二十后那些本金并不是一笔很大的债务，是可以利用增收的财政用于支付本金的。也正是基于这一点，相对于发行债券到期后必须连本带利一次清偿来说，地方政府更觉得可以在一定时期内“只付息不还本”的银行贷款，是更好的债务融资工具，依赖银行贷款也就有其合理性。

四、银行贷款展期和借新债还旧债并不意味着存在风险

审计署2011年《全国地方政府性债务审计结果》显示，在2010年年底10.7万亿地方政府性债务余额中，2011—2015年到期偿还的分别为24.49%、17.17%、11.37%、9.28%和7.48%，意味着53%的政府债务在2011—2013年到期。截至2011年9月末，全国有地方政府融资平台10468家，平台贷款余额

① 刘彩娜：《“头号杀手”曝光 地方政府隐性债务风险严重》，《中华工商时报》2004年2月23日。

9.1 万亿元。据测算，近三年将有 35% 左右的平台贷款集中到期。[①] 但这些贷款大多投资于基础设施，很难立即产生较好的直接收益，各界都对违约风险增大产生担忧。一些平台公司的贷款到期后不能及时偿还，通过采取贷款展期或贷新还旧应对贷款违约，引发了诸多担忧，许多人认为这只是掩盖风险、拖延风险暴发的时间，银行的贷款已产生了损失。审计署最新的政府性债务审计公告也显示，由于偿债能力不足，一些省会城市本级只能通过举借新债偿还旧债，5 个省会城市本级 2012 年政府负有偿还责任债务的借新还旧率超过 20%，最高的达 38.01%。14 个省会城市本级政府负有偿还责任的债务已逾期 181.70 亿元，其中 2 个省会城市本级逾期债务率超过 10%，最高的为 16.36%。目前在讨论地方政府债务问题时，经常出现对地方政府举债行为的指责，一个重要方面就是地方政府举债不量力而行，产生逾期债务和借新债还旧债等现象。

实际上，除了个别项目真的会产生无力还贷的问题外，大多数项目出现"贷款展期或贷新还旧"时，并不像一些人担忧的那样是政府或平台贷款存在风险。对于地方政府债务展期或贷新还旧行为，这本身并没什么值得大惊小怪的，也并不意味着地方政府的债务问题突然恶化。这里面有我国银行贷款期限与投资项目回收期限不匹配的问题存在。地方政府的许多基础设施属于长期投资项目，这类项目可能要到 5—10 年甚至更长时期后才开始产生回报，而且回报率往往不高，投资回收期限很长，而银行为这些长期项目所提供的大多是 3—5 年的期限相对较短的贷款，这就出现借款人资产和负债的期限结构错配。这种期限结构错配本来是可以通过长期债券来解决的，但在我国，并没有十分完善的长期、中期、短期债券都齐全的债券市场，尤其是对地方政府而言正规的债券市场根本就不存在。在这种情况下，利用贷款展期或贷新还旧，可以起到延长贷款期限的作用，间接达到项目贷款期限与项目回报期限相匹配的效果，从而减少地方政府每年还本付息的资金数额，降低因短期偿还债务规模过大、现金流不足导致的违约风险。

从长期来看，只要债务用于基础设施项目建设，地方经济发展的基础条件就能得到改善，企业投资的积极性得到提高，地方经济发展的速度就会加快，地方财政收入会保持更快的增长，地方偿债能力得到提升，就有一定财政实力和资源化解债务风险。面对因期限结构不匹配而产生的展期和贷新还旧需求，

① 聂伟柱：《"平台贷展期新政硬着陆 到期还款方案4月底前上报"》，《第一财经日报》2012年03月19日。

如果一味地严控，更不利于缓释债务风险，可能会使一些正在建设和正常运营的项目出现资金链断裂，导致一系列流动性引发的违约，并进而蔓延到实体经济的其他部分。因此，“贷款展期或贷新还旧”更多的可能是技术性化解风险的一个有效举措，能有效缓释风险。

五、允许地方政府发债并非唯一出路

（一）不同债务工具有其局限性和适用性

发行债券和银行借款是各国地方政府举债的两种最主要方式。目前我国地方政府的负债基本集中在银行借款，地方债务中的80%都来自银行放贷，过大的地方债务规模会对银行构成一定的威胁，因此许多专家学者建议放开地方政府市政债券发行，采取多样化的举债方式，改变地方融资平台以银行贷款为主的融资格局，分散地方政府的融资风险。举债方式多样化是必要和合理的，除了地方政府的银行贷款和地方政府债券外，还有政府性投资公司（政府投融资平台）的银行贷款和公司债券、资源性融资（如项目融资、土地融资、特许经营权融资）等融资方式，这其中的有些融资方式不会形成债务，却可以减少地方政府的举债融资。但不同的债务工具都有其局限性和适用性，并不是非此即彼。

就银行贷款和地方债券来说，两者各有优劣，也各有条件，前面也分析了不同国家有以发行债券为主的，也有以银行贷款为主的，也有二者兼而有之的。

发行债券的优点是发债成本低，而且一般债券的发行期限可以比较长，这解决了大规模基础设施公共投资在几代人之间的公平负担问题，但由于受市场监督约束，信息公开透明要求高，这种举债方式比较适合经济规模大、基础较好的地方政府，也比较适合那些投资回报率低、投资回收周期长的基础设施项目。市政债券由于是以地方政府财政作为偿付担保和后盾，所以在发行上不存在太多障碍，容易被投资者所接受。与银行贷款有明确的债权人可以对贷款运用情况进行事后监督不同，由于债券的投资者比较分散，投资者一般不会对债务资金的运用情况进行跟踪监督，如何约束发债人合理、高效使用债券资金，以减少违约可能性和发债的道德风险，需要相关机构付出比对银行贷款更多的监督成本。另外，由于需要中介机构对地方发行市政债券进行信用定级，在不规范的情况下，容易出现对信用等级评定公司的“评级贿买”行为，导致评级结果不公正。发行地方政府市政债券，地方政府的预算硬约束是债务能够及时偿还的制度保证，如果没有发行决策部门与执行部门的相对独立，和严格、有效的债务监督约束机制，容易引起地方政府的投资冲动，最终由于乱上项目导致地方财政负担过重的局面。因此，就不能由地方政府自行决定发债行为。

银行借款程序相对简单，地方政府仅需要向借款银行提供必要信息，比较适合规模较小的地方政府。而且一旦地方政府出现还款紧张的情况，还可以利用政府同银行的关系进行一定的融通，因而这也是目前国内大部分地方政府的负债以商业银行贷款为主的重要原因之一。但这种举债方式一般期限较短，融资成本（利率）较高，各种限制条件较多较高，需要有银行认可的抵押资产或政府的财政担保，因而适合有固定收费、投资回报率较高的项目。地方政府利用银行贷款进行融资，需要银行是一个真正的独立主体，银行能够根据贷款风险情况自主决定放贷与否，不受任何行政干预，否则会因地方政府过度负债或政府的道德风险而发生金融风险，危及金融安全。

政府投融资平台的银行贷款与地方政府的银行贷款具有同样的特点和适用性与局限性。政府投融资平台通过银行贷款融资，要求平台公司是具有独立法人资格的主体，要求有可满足银行信贷要求的抵押资产，要求项目有较好的收益性，能够按期还本付息。因此，只有有稳定现金流且能覆盖贷款本息的项目才适合利用银行贷款进行融资，无论现金流是来自项目本身的收费还是政府采购协议锁定的采购款。政府投融资平台的公司（企业）债的发行与地方市政债类似，也需要有一定的收益保证履约，但与市政债券不同的是，履行前无需接受立法机构和公众的质询，只需要有关监管部门审批即可，因而相对于地方政府市政债券来说审批手续简单、审批时间短。在应对经济下滑、扩大政府投资以刺激经济方面，政府投融资平台可以较快地通过银行贷款和公司债为项目投资建设获得所需要的资金，在扩大投资上有立竿见影的作用。

在国外，资源性融资（如项目融资、土地融资）也是地方政府进行基础设施建设投资时经常采取的融资方式。项目融资是以项目自身的资产和项目未来的收益作为抵押来筹措资金的一种融资方式，因此，只有有现金流和收益的基础设施项目，收费公路、铁路、废水处理设施、城市地铁、医疗卫生、水供气和通信网络等基础设施项目，才适合采用项目融资方式。在发达国家中，许多基础设施建设项目都采用项目融资并取得成功。项目融资的方式有许多种，常见的有 BOT 模式、PPP 模式、PFI 模式和 ABS 融资模式，这些模式都是私营企业参与基础设施建设、向社会提供公共服务的一种方式。项目融资需要进行严格的招投标，政府机构需与选中的投标者就特许权范围、双方权利义务进行谈判，签订特许权协议，同时政府要对未来项目的收费和报务质量进行监管，如果监管不到位，会导致向公众提供的基础设施和公共服务数量不足、质量和效率下降。因此，在政府监管能力不足时，项目融资可能不如政府平台公司融资更有利。

（二）不同金融体系国家对银行贷款和地方市政债券采取不同态度

许多研究者都认为，面对地方政府存在的债务风险隐患，解决之道在于允许地方政府发行地方债。但真的发行地方政府债券是唯一出路吗?

各国地方政府举债的方式主要有两种，一是发行地方政府债券；二是向金融机构借款，但一般都要求地方政府不得向其所属金融机构借款。一般来说，发达国家的地方政府倾向于发行债券或向银行借款。如美国地方政府以发行市政债券为主，辅之以银行借款和融资租赁；英国地方政府则以英国公共工程贷款委员会贷款和商业银行贷款为主；德国和日本二者兼而有之，但德国以银行贷款为主，日本以地方公债为主；而法国地方政府债务几乎全部来源于银行，很少发行债券。发展中国家更倾向于由中央政府向地方政府提供直接或间接的长期贷款。如印度各邦（地方政府）对中央政府负债由 20 世纪 50 年代占邦债务总额的 50% 上升到目前的 75%[①]。

地方政府举债是必然的，而地方政府举债融资的方式是发行地方政府债券还是向金融机构借款，完全取决于一国的金融制度安排，不存在优劣之分。

通常，在以金融市场主导型的金融体系中，债券市场和股票市场比较发达，包括国债、市政债券和公司债券在内的债券市场发展成为金融市场的主要组成部分，如美国、加拿大等国家已成为市政债券的发展典型，地方政府融资更多地以市政债券为主。

在法国、德国、比利时、荷兰等实行以银行为主导的金融体系的欧洲大陆国家，由于股票市场泡沫事件之后实行长期金融管制政策，资本市场没有得到相应发展，已形成的规模有限的债券市场主要是国债和公司债券市场，地方债券市场基本没有发展起来，地方政府主要通过市政基金以及银行贷款

① 财政部预算司：《国外地方政府债务管理经验比较与借鉴——国外地方政府债务管理情况综述》，《经济研究参考》2008年第22期。

来筹集资金。

日本属于比较典型的银行主导型金融体系，在过去，中央财政转贷是日本地方政府融资的主要手段，而中央财政转贷给地方财政的资金主要来源是养老公积金和国营银行——邮储银行。但 1999 年以来，日本政府开始改革财政投融资计划，受市场导向趋势影响，发行市政债券成为主要手段。2010 年，日本地方政府通过发行债券融资占 67.9%，银行贷款占 32.1%。①过去，日本地方债券主要是由中央政府资金支持或者是向本国金融机构私募发行，公开发行的数量很少，1999 年进行地方分权改革后，日本中央政府资金支持比例不断下降，而公开发行债券数量和比例均有所提高。目前，地方政府债券收入是日本地方财政收入的第三大来源，地方政府债务余额从 1993 年的约 4000 亿美元扩张为 2010 年年末的约 2 万亿美元，成为仅次于美国的全球第二大地方债券市场。②

在英国，2006 财年末地方政府债务余额中的 78% 为公共工程贷款委员会贷款，20% 来自银行和其他长期融资渠道。③除此之外，作为新公共管理的发祥地，自 1992 年以来，英国一直积极推进鼓励私人财力参与甚至主导公共投资计划的公共管理理念，其核心是私人融资优先权 PFI（Private Finance Initiative），公共部门通过签订标准的民事合同，向私人公司长期购买高质量的公共服务，以便充分利用私人部门的资金和管理技术。PFI 模式是利用私有资金开发、实施、建设、运营传统上由政府公共部门进行建设、运营的基础设施、公用事业项目，政府部门根据社会对基础设施的需求，提出需要建设的项目，通过招投标，由获得特许权的私营部门进行公共基础设施项目的建设与运营，并在特许期（通常为三十年左右）结束时将所经营的项目完好的、无债务的归还政府，而私营部门则从政府部门或接受服务方收取费用以回收成本。

（三）国外对地方举债一般都实行严格管制

各国地方政府发行债券或以其他方式举债都不是随意的，一般都需经过立法或有关政府机构的审批。但各国宪法、法律、财政制度和金融市场成熟

---

① 光明：《浅析日本财政金融改革下的地方政府债券市场》，《东方企业文化》2011年第23期。

② 光明：《浅析日本财政金融改革下的地方政府债券市场》，《东方企业文化》2011年第23期。

③ 张志华等：《英国地方政府债务管理》，《经济研究参考》2008年第62期。

程度不同，中央政府对地方政府举债的控制方式也各不相同。中央政府对地方政府举债控制的模式多主要有市场约束、共同管理、制度约束、行政控制四种模式。①

一是市场约束模式。即中央对地方政府债务管理不作具体规定，由地方政府基于市场秩序自我约束举借债务。加拿大、芬兰等市场经济比较发达的工业化国家采用这种方式。在加拿大，省级政府举债不受任何宪法或联邦政府的限制，是否借款和借款额度直接受制于金融市场，但省以下地方政府必须按省政府要求进行经常性预算平衡，涉及长期借款的市政府资本性支出须获得省政府批准。

二是共同管理模式。即地方政府通过参与宏观经济政策目标及其相关指标的制定，与中央政府就各级政府的总赤字目标以及收支项目的增减情况达成协议。英国地方政府债务模式为共同管理模式，只有获得中央政府的批准，地方政府才能举债，并且融资不能用于经常性支出，同时英国中央政府要求地方政府按照一定比例缴纳准备金以用于偿还债务。在澳大利亚，成立代表所有地方政府和中央政府的专门借款委员会，借款委员会通过成员间的协商决定联邦政府和各州政府下一年度的融资额度。

三是制度约束模式。即主要是通过法律条款及财经法规对地方政府借款实行管理和控制。美国是制度约束模式的典型代表。尽管美国地方政府是独立的财政和民法主体，地方政府发债很少受到上级政府的管制，拥有相对的自由权，但美国地方政府发行债券要受到一套较为完善的法律法规的约束，相关法律法规对地方政府发债做出了严格的限制，要求地方政府不得随意发债。地方政府或其代理机构发行债券需要经过议会的审批或公众的投票同意，市政债券只能用于教育、交通、公用事业、福利事业等项目。南非、巴西等国也采用这种模式。巴西在饱尝地方政府债务危机苦果之后，建立了三级政府债务预算、执行和报告制度的一般框架，对地方政府举债进行了操作性极强的制度层面的量化指标约束，地方政府每年向联邦政府报告财政账户收支状况，每四个月发布一次政府债务报告，强化信息披露，提高信息透明度。1999 年巴西国家金融管理委员会颁布 2653 号规定，授权中央银行控制国内银行对地方政府的信贷总额并审查地方政府的借款申请。2000 年《财政责任法》规定：地方政府举借

① 财政部预算司：《国外地方政府债务管理经验比较与借鉴——国外地方政府债务管理情况综述》，《经济研究参考》2008年第22期。

新债不得超过经常性净收入的 18%，偿债成本不得超过经常性净收入的 13%，州政府债务总额必须低于经常性净收入的 200%，市政府债务总额则必须低于经常性净收入的 120%；除展期以外禁止发行新的债券，州及市政府换届前的 8 个月内不允许举借新债等。

四是行政控制模式。即中央政府运用行政手段管理地方政府债务，控制范围涉及债务规模、单笔借款、中央转贷地方等，既包括事前审批，也包括事后监控。单一制国家一般采取这种管理模式。在日本，为防止地方政府债务膨胀、资金过分倾斜富裕地区，确保地方财政健康运行和资金合理分配，对地方政府举债实行计划管理和发行审批制度，未经中央政府批准，地方政府不能举债。日本每年由中央政府制定地方政府贷款计划，内容包括地方债发行总额、用途、发行方式及每种发行方式的债务额度，并由总务大臣或都道府县知进行审批。日本规定地方政府举债资金不能用于经常性支出，主要用于建设性支出，包括交通、煤气、上下水道事业、抗灾应急、灾后恢复、公共设施建设、地方政府债务转期等。在法国，中央政府对各级地方政府的债务和财政运行情况，主要是通过审计法院、经济和财政部以及该部派驻各省、市镇的财政监督机构进行监控。

由此可见，无论是市场经济成熟的发达国家，还是发展中国家，无论是联邦制国家还是单一制国家，对于地方政府举债（包括发行市政债券和银行贷款）都实行严格管制，其目的都是为了防止地方政府随意举债和债务膨胀，避免地方政府出现债务风险。

六、是否存在普遍适用的债务风险警戒线？

近年来不少经济界人士担忧地方债务率过高，媒体不断发出地方债务逼近、超过债务风险警戒线的警告。面对个别地方政府的债务率超过 100% 的国际警戒线，许多人认为局部存在“严重风险”。如何判断债务风险，是否债务率 100% 为公认的国际警戒线？实际上，债务风险评价有其动态性和特定指向性，并没有一个明确、普遍适应的判断标准。

对于政府债务风险和债务控制管理，国际上一般都是利用负债率、债务率、资产负债率、债务依存度、新增债务率、偿债率、利息支出率和担保债务比重等几个指标进行管理（参见表 2-2）。

至于这些指标控制和政府债务风险程度判断的标准，由于各国不同的国

表 2-2　几种主要的债务风险和债务管理指标

序号	指标名称	计算公式	说明
1	负债率	政府债务余额 / 当年 GDP	反映地方经济总规模对政府债务的承载能力及风险程度
2	债务率	年末政府债务余额 / 当年财政收入	反映地方政府通过动用当期财政收入满足偿债需求的能力
3	资产负债率	债务余额 / 当年可动用资产价值	反映地方政府资产的偿债能力
4	债务依存度	当年举债额 / 当年全部财政支出	度量财政支出对债务的依赖程度
5	新增债务率	当年新增债务额 / 当年财政收入增量	反映地方政府当期财政收入增量对新增债务的保障能力
6	偿债率	当年债务还本付息额 / 当年财政收入	反映财政收入的应债能力
7	利息支出率	当年利息支出额 / 当年财政收入	反映地方政府通过动用当期财政收入支付债务利息的能力
8	担保债务比重	年末担保债务余额 / 当年财政收入	反映地方政府的担保风险

情和对相关指标统计口径的不同，其风险警戒线的标准也迥异，因而对于地方政府债务风险警戒线，目前国际上并未有统一标准，所谓的警戒线大多也只是经验判断或有关国家和机构的一些规定。如 1992 年《马斯特里赫特条约》规定的赤字率 3%、负债率 60% 经常被有关人员引为所谓的“国际安全线”或“国际警戒线”标准，实质上这只是当时加入欧盟的门槛条件而非标准，与衡量财政风险度的“国际安全线”或“国际警戒线”根本不相干。当今世界赤字率超过 3% 或负债率超过 60% 的国家屡见不鲜，但这些国家并没有出现债务危机、财政危机。如 2012 年美国债务为 16.244 万亿美元，GDP 为 15.653 万亿美元，债务占 GDP 的比率 103.8%，已经超过 100%。2009 年美国的赤字率为 11.5%、2010 年为 10.3%。国际货币基金组织 2011 年 4 月份公布的数据显示，2010 年日本、德国和英国的财政赤字率分别为 9.5%、3.3% 和 10.4%，而仅国债负担率就分别达到 220.3%、80% 和 77.2%[①]，其负

① 《财政部将在香港发行人民币国债——财政部副部长李勇就此接受本报记者专访》，《人民日报》2011年08月15日。

债率肯定比国债负担率更高。日本财务省披露截止 2013 年 6 月 30 日日本公共债务余额达到创纪录的 1008.6 万亿日元，按债务占 GDP 的比重看，日本已经达到 247%，位于世界首位。[①] 因此，负债率 60% 作为“国际警戒线”标准并不是一个严格的科学依据，只是在没有标准的情况下被大家当作一个具有参考价值的判断指标。表 2-3 是一些国家对地方债务风险警戒线的控制标准规定。

表 2–3　一些国家地方债务风险指标警戒线规定（%）

指标 / 国家	美国	加拿大	新西兰	日本	韩国	巴西	哥伦比亚	波兰
负债率	州 13~16	＜25						
债务率	90~120		＜150			州：＜200 市：＜120	＜80	
资产负债率	＜8		＜10					
债务依存度				20~30				
新增债务率				＜9		＜18		
偿债率	＜10				＜20	＜13		＜15
利息支出率	＜10		Ⅰ级：＜15 Ⅱ级：＜20				＜40	
担保债务比重						＜22	＜150	

利息支出率计算口径：新西兰为净利息支出与地方税收收入之比，哥伦比亚为债务利息支出与经常性盈余之比。

资料来源：财政部预算司《国外地方政府债务的规模控制与风险预警》，《经济研究参考》2008 年第 22 期。

以内债为主还是以外债为主，债务用于建设还是消费，用于投资环境改善还是产业项目，债务是否用于形成长期性的有效资产，对于债务风险警戒线的大小和对经济持续健康发展的影响也是不同的。日本的债务率远高于希腊，但日本没有出现太大问题，而希腊则濒临破产（欧元区提供总额 1300 亿欧元的第二轮援助方暂缓其破产风险），主要原因是日本以内债为主，而希腊则是以外债为主。外债如果到期无力偿还，无法通过发新债还旧债来应对，也不能通过发行货币来偿还，只有破产一条路，而内债则可以通过发行货币或发新债进行偿还，虽然这对债券持有人是不利的，但与政府破产、经济衰退、失业率上

① 张枕河：《日本：债务不断攀升或加码货币宽松》，中国行业研究网，2013年8月22日。

升相比，也是两害相权取其轻的无奈之举。美国的大量外债，本质上都是内债，因为美国对国外的债务都是以美元表示的，美国可以通过发行更多的美元偿还国外债务，这也是美国债务率高企却还不断举债且没有真正发行债务危机的重要原因。目前欧元区政府债务率低于美、日、英等国家，但欧元区的政府债务问题却比较严重和棘手，根本原因在于欧元区国家没有货币发行权。因此，只要有货币政策自主权和货币发行权，政府就不存在解决不了的债务危机，因为发行货币是解决政府国内债务的最后手段。[①] 从而债务风险警戒线也就很难有一个标准。

国外一些国家的政府举债是为了弥补财政赤字和社会福利，具有很强的消费性，一些债务没有用于发展经济，债务越多对经济的损害越大，而如果举债用于经济建设、增加资本积累，则能够通过投资形成的资本创造产出，促进经济发展，从而获得更多收益，这些收益可以用于偿还债务。而我国目前地方政府举债，无论是曾经的地方政府直接举债，还是依靠政府投融资平台公司进行举债，很大一部分都用于了基础设施建设与民生领域，弥补经济社会发展短板，形成未来生产力，更有利于促进经济长远发展。根据审计署2011年《全国地方政府性债务审计结果》，在2010年年底地方政府性债务余额中，用于市政建设、交通运输、土地收储整理、科教文卫及保障性住房、农林水利建设等公益性、基础设施项目的支出，占已支出的债务资金的86.54%，另有4.42%的债务资金用于生态建设和环境保护、工业与能源项目的投资建设[②]，这些投资都是有助于增强我国未来经济发展的基础和实力的，从长期来看是有助于消除债务风险的。

七、地方政府债务问题解决之道：开正门、关后门，多元化融资

我国是一个发展中大国，未来城镇化发展将催生对基础设施的巨大投资需求。面对未来地方政府对债务资金的客观需求，允许地方政府举债，通过开正门、关后门、多元化融资，让明规则替代潜规则，让受监督约束的公开举债替代不（少）受约束的隐性举债，有堵有疏，疏堵结合，将更有利于化解地方政

① 熊鹭：《日本和美国为什么不会发生政府债务危机？》，《新浪财经》2011年12月12日。
② 审计署：《全国地方政府性债务审计结果》2011年第35号（总第104号）。

府的债务风险，更有利于经济发展和城镇化进程的推进。

（一）明确允许地方政府举债

地方政府债务问题与我国的财政体制和地方政府事权大、财政资金紧张密切相关。但无论未来如何进行财税体制改革，通过上收部分事权、下放部分财权，让地方政府的财权与事权更为匹配，基础设施和公共设施的短期巨大投资资金需求和其产品与服务的长期受益性，都要求地方政府适度举债建设，以解决基础设施建设中的“代际不公平”问题。目前地方政府举债搞基础设施建设和公共服务建设，无论是出于不正确的政绩观和为官一任、造富一方的传统执政理念还是其他动机，客观上都有效改善了地方的基础设施条件和投资环境，来自于地方政府间的竞争和由此引发的大规模政府投资建设都有其积极作用，正如张五常先生所说的地方政府间竞争是 20 世纪 90 年代以来中国经济快速增长的一个重要、甚至是最重要动力，尽管这种竞争缺乏法律与伦理规则的有效约束，是需要进一步规范的。如果非要坚守地方各级预算按照量入为出、收支平衡的原则编制，不列赤字，要么导致地方基础设施和公共服务设施供给不足，要么地方政府违规违法、隐蔽举债。在国际上，地方政府举债是一个普遍现象，在我国与其地方政府隐性举债、债务情况不透明、债务风险不可控，还不如允许地方政府举债，使其在信息透明前提下进行阳光举债，增强地方政府债务的透明度，确保不合理举债行为得到监督、举债规模和举债风险得到有效控制，促进地方政府负债运行的可持续性。

（二）开正门、关后门

过去我国地方政府债务出现许多问题，一个重要原因就是地方政府开展正规举债融资无门，中央政府对地方政府举债“不开前门”的同时，也存在“不堵后门”现象，甚至在应对经济下滑危机时，在《预算法》明确地方政府预算“量入为出、收支平衡”的规定下，却要求地方政府在原年度预算计划之外进行配套，默认地方政府的违规举债行为，这种“不堵后门”和“悄悄打开后门”的做法，实际上是对违规举债行为的鼓励，导致各地的相互仿效和隐性举债、过度举债。解决地方政府融资不规范、可能出现债务风险的唯一出路，就是开正门，同时关闭后门，给予地方政府举债融资的合法地位和合法渠道，让地方政府合法、规范举债融资，严禁违规举债。这必须首先要对现行《预算法》第二十八条规定进行修订，允许地方政府预算出现合理的赤字、发行地方政府债券，解除地方政府债券发行的法律制约“瓶颈”。

（三）广开渠道、多元化融资、分散风险

允许地方政府举债，必然要广开融资渠道，实现多元化融资，不让地方政府举债过度集中于某一种融资工具和手段。既要放开市政债券的发行限制，也要允许地方政府以恰当方式或通过投融资平台开展银行贷款融资，更要发挥财政资金在融资中的放大作用。地方政府原用于基础设施建设的财政性投资资金就改变过去直接投资于项目的做法，以政府购买由企业提供的某项基础设施和公共服务设施产品和服务的采购款形式，形成基础设施和公共服务设施项目的稳定现金流，使这一现金流和项目原有收费一起共同作为项目投资经营企业申请银行贷款或发行企业债的还款来源和质押担保，从而提高民间资本参与基础设施建设的可行性，扩大项目融资规模和政府间接融资规模，让项目融资的相应风险由政府转移到项目公司。

（四）对于地方政府投融资平台“规范重于限制”

一些地方政府的投融资平台公司在实际运行中确实存在不少问题，如与地方政府责权利关系不明确、法人治理结构不完善、缺乏必要的规制、债务信息缺乏透明度、融资来源过于依赖银行贷款、地方政府违规做出还贷承诺或变相提供担保等，但地方政府投融资平台在促进体制机制创新、有效抑制地方政府其他变相负债融资、推动政府投资项目市场化运作、提高资源配置效率、加快基础设施建设、推动城镇化进程等方面发展了积极作用，对此应该给予客观评价，同时还应该继续发挥政府投融资平台的积极作用。其次对投融资平台要通过促进其规范发展发挥其作用，而不应采取“一刀切”政策限制投融资平台的发展，尤其是对于投融资平台成立较晚或尚未真正建立起投融资平台的一些地方，投融资平台还有很大的发展空间，如果不允许这些地方利用投融资平台加强基础设施建设，则不利于这些地方通过自身努力、提高造血功能来加快经济发展。过于限制甚至和禁止对政府投融资平台公司发放新的贷款，会切断地方政府巨大投融资需求与资本市场之间的有机“接口”，不仅不利于地方基础设施和公共服务设施的建设发展，更可能出现的问题是一些目前债务率较高的投融资平台本来可以通过新的贷款渡过暂时难关并逐步走向健康发展轨道，如果强行切断其资金供给，反而可能会因资金断流而使这些平台公司加速破产，使隐性、潜在的债务风险变为显性、现实的风险，结果可能不是监管“防”风

险，而是监管“出”风险了。

规范地方政府投融资平台公司发展，一是要明确功能定位。地方政府融资平台公司应是非营利性机构，其投融资重点是收益率不高、其他投资者不愿介入的基础设施项目。二是要充实资本金。通过整合地方政府优质资源，将经营性资源、优质资产注入投融资平台公司，以此充实资本金，提高资信、增强融资能力和正常运营能力。三是要规范、明确与地方政府关系，健全法人治理结构。针对目前投融资平台公司与地方政府产权不清、关系不明、责任模糊、运行不规范等问题，要稳步推进政资分开、政企分开、政事分开，将投融资平台公司培育成权责明晰、动作规范、管理科学的独立的市场化主体，对政府委托的项目严格按市场化方式运作，并还本付息。政府及管理部门主要以出资人身份安排投融资平台公司的投资项目，负责对国有资产的监管，不以行政手段干预平台公司的内部管理和项目建设等实际运作，实现“裁判员”和“运动员”职责的分开。平台公司要按照自主经营、独立核算、自负盈亏的企业法人完善内部法人治理结构，健全决策、经营、监督体系，变行政性治理为公司制治理。四是要实行主银行贷款制。目前平台公司银行贷款过多、过滥，一个很重要的原因就是各银行间恶性竞争，平台公司多头开户，银行间多头授信、多头放款。要改变目前银行间相互竞争放款、平台贷款信息互不沟通的状况，对于平台公司的贷款融资实行主银行贷款制，根据投融资平台公司业务经营范围和现有贷款来源与规模，确定主办银行和银团贷款的牵头银行，避免因银行间不正当竞争而引发的多头授信、管理失控等问题。

（五）加强地方政府举债的事前、事后监管

如果允许地方政府举债和发行市政债券，必须强化事前和事后监管，严控债务风险。

一是建立一套行之有效的债务管理的法律法规和制度。应制定专门的《地方政府债务管理办法》，明确地方政府的举债主体和债务管理主体、举债规模的确定方法、债务偿还规定、举债信息披露规定、违规处罚规定等。

二是实行行政控制与制度约束相结合的债务管理模式。考虑到我国单一制国家和政绩考核与官员任免制度等原因，以及政府级次多、各地区发展不均衡的现实，国际上无论是市场约束模式还是共同管理模式管理地方政府债务的条件在我国都还不成熟，必须在健全制度、强化制度约束的基础上，对地方政府举债管理纳入行政控制范围，实行行政控制与制度约束相结合的管理模式，以

防范地方政府过度举债的道德风险，也可避免采用市场化手段下资金过分倾斜富裕地区、一些经济落后地区可能无力举债而陷入恶性循环的局面。

三是严格实行信息披露。地方政府债务必须分类纳入预算管理，包括举债数量与余额、举债用途、债务举借（发行）人基本情况、债务使用情况及其效果等信息都必须向地方立法机构和公众披露，并接受问责和质询。对债务资金闲置、用途不当、未按规定使用资金等问题，要及时整改并进行处罚。

四是建立起地方政府债务风险控制和预警机制。首先要严格控制债务规模，合理控制地方政府的债务水平。地方政府债务规模要与地方经济发展水平和收入状况相适应，与地方政府偿债能力相符合。其次要对地方债务规模实行总量控制，防止随意借债行为的发生。第三要建立偿债基金，当地方政府不能按时偿还债务时，动用偿债基金进行偿还。第四要对举债资金实行专款专用、专账管理，防止债务资金滥用。第五要制定地方政府债务风险预警办法，建立地方政府债务风险评价指标体系，根据风险指标设置不同的风险等级，设立专门部门定期收集各地方政府债务规模与构成、偿债能力等信息，加强地方政府债务资金运用过程的监管，对可能出现的偿债风险早发现，早化解，防止风险扩大和蔓延。

参考资料：

刘彩娜：《“头号杀手”曝光 地方政府隐性债务风险严重》，《中华工商时报》2004 年 2 月 23 日。

刘勘：《政府融资平台贷款风险不会转嫁到银行业上》，《证券导刊》2010 年 6 月 1 日。

罗云毅：《财政赤字率和债务率：〈马约〉标准与国际安全线》，《经济研究参考》2003 年第 3 期。

聂伟柱：《平台贷展期新政硬着陆 到期还款方案 4 月底前上报？》，《第一财经日报》2012 年 3 月 19 日。

光明：《浅析日本财政金融改革下的地方政府债券市场》，《东方企业文化》2011 年第 23 期。

张志华等：《英国地方政府债务管理》，《经济研究参考》2008 年第 62 期。

张的河：《日本：债务不断攀升或加码货币宽松》，中国行业研究网，2013 年 8 月 22 日。

熊鹭：《日本和美国为什么不会发生政府债务危机？》，新浪财经，2011 年 12 月 12 日。

詹向阳：《辩证看待地方政府融资平台发展》，《中国金融》2010 年第 7 期。

郑华：《预算软约束视角下地方政府过度负债偏好的制度成因分析》，《财政研究》2011

年第 1 期。

财政部预算司 :《国外地方政府债务管理经验比较与借鉴——国外地方政府债务管理情况综述》,《经济研究参考》2008 年第 22 期。

审计署 :《全国地方政府性债务审计结果》2011 年第 35 号。

中国人民银行货币政策分析小组 :《2010 中国区域金融运行报告》2011 年 6 月 1 日。

《财政部将在香港发行人民币国债——财政部副部长李勇就此接受本报记者专访》,《人民日报》2011 年 08 月 15 日。

第三章 我国地方政府债务危机处置研究

本专题报告对我国过去若干次地方政府债务危机事件相应的危机处置过程进行了历史回顾，探讨了目前形势下加强地方政府债务危机处置的重要意义，同时对美、日等国在地方政府债务危机事后处置机制方面的有益经验，进行了概括、总结。在此基础上，报告对我国未来如何建立规则化、长效化的地方政府债务危机处置机制，如何设计“近期治标与中长期治本”相结合的渐进式改革方案，提出了一系列政策建议。

一、债务危机处置的历史演变

改革开放以来，我国曾经出现过若干次地方政府债务危机事件，也经历了相应的债务危机处置过程，例如，“普九”债务的处置、农村基金会债务清理以及“广国投”的破产清算。这些债务危机都在中央政府的主导下得到了化解。

（一）“普九”债务的处置

1. 债务风险的形成原因

所谓“普九债务”，是指在普及九年制义务教育过程中学校和基层政府欠下的债务。20 世纪 90 年代，我国提出要在 20 世纪末普及九年制义务教育，并制订了从校舍到图书室在内的“普九”验收标准和计划，逐县检查验收。由于长期实行“农村教育农民办”，各级财政对农村义务教育投入很少；加之受上级“普九达标”压力驱使，基层领导和乡村学校不得不举债搞建设，于是形成规模巨大的“普九债务”。

“普九债务”形成的主要原因在于：一是建设资金投入不足。“分级办学、分级管理”的体制将本应由政府、社会共同承担义务教育的义务过多地“下移”到基层，由于县、乡、村等地方自筹配套资金缺少保障，致使为了完成“普九”任务而被迫举债。尤其是在农村税费改革取消农村教育附加和教育集资政策后，新的义务教育经费保障机制并没有完全考到偿还债务问题。二是学校布局的调整与撤并。随着集中办学的有序实施，在降低管理成本与提高教学质量的同时，相当多学校被撤并，部分教学设施闲置，由此也增加了农村义务教育的债务负担。三是债务的长期积压与积累。从“普九”教育开始到全面清理债务，时间跨度很长，乡村学校的债务经过逐年积累和长期积压，就成为历史遗留问题，加之撤乡并校等因素，债务问题更加难以彻底解决。

“普九”债务给农村地区及教育部门带来的负面影响不容忽视。因为学校欠债，债权人在开学时锁校门、威胁（绑架）校长的现象时有发生，严重影响了农村中小学校正常的教育教学秩序。为了偿还“普九”债务，不少学校高息向银行或个人借款，仅利息的支付就压得学校喘不过气来，形成新的债务，造成恶性循环。

2. 债务处置的做法与成效

对于数额庞大的农村“普九”债务，最关键的偿债资金来源。过去，由于担心地方夸大债务规模，中央财政一直未承诺为“普九”债务担责。2007年年底，国务院发布了《关于开展清理化解农村义务教育“普九”债务试点工作的意见》，首次提出了选择 14 个省进行试点，总额达 500 多亿元的义务教育“普九”债务清偿方案。中央财政首次承诺，对已经化解“普九”债务的地方给予补助，重点支持中西部地区，适当兼顾东部地区。未在规定期限内化解相应债务的不予补助。2007 年中央财政安排了专项补助资金 60 亿元，2008 年、2009 年中央财政又继续增加投入，并根据各地债务化解的进度，对地方政府给予补助。

为了避免各地虚报负债规模，中央财政对地方的补助“根据义务教育阶段学生数、学校数、办学成本和财政困难程度等客观因素分配确定，不与实际发生的债务额挂钩”，也即“债多不多补、债少不少补、早还不少补、晚还不多补”。具体执行中，“中央财政按照农村义务教育阶段在校学生人数、地方财政状况等客观因素，并综合考虑试点省（区）‘普九’债务负担及化债试点完成情况给予适当补助。”这被称为“偿债激励机制”。对于“普九”债务的范围，《意见》指出：“普九”债务是指各地以县为单位推进“普九”工作，至通过省级“普九”验收合格期间发生的债务。主要包括教学及辅助用房、学生生活用房、校园维修建设、教学仪器设备购置等与学校建设直接相关的债务。债务计算时间截止到 2005 年 12 月 31 日。《意见》还详细列出了偿债资金的具体来源。除了中央财政专项补助，一是从“地方一般预算收入、上级财力性转移支付资金”统筹安排；二是城市教育费附加、地方教育附加及其他基金中安排一定比例；三是整合地方现有教育专项资金；四是盘活闲置校产筹集资金；五是统筹有关非税收入筹集资金；六是社会和民间自愿捐资赞助的偿债资金等。

截至 2009 年年底，首批 14 个省份的“普九”债化解试点已完成。根据国务院农村综合改革工作小组批复各试点省份的函，这 14 个试点省份“普九”债总计为 493.1 亿元。各试点省份锁定的“普九”债数额，多数为 30 亿元左右，其中四川省最高，为 80.9 亿元，宁夏最少，约为 9 亿元。在 14 个省份试点的基础上，国家又将化解农村“普九”债的地域扩大到全国，并将清理化解债务的范围，从“普九”债扩大到全国农村义务教育其他债务。若加上其他 17 个省份，全国化解农村“普九”债务超过 1000 亿元。

3. 几点启示

第一，“普九”债务从本质上讲是政府直接债务。义务教育是公共产品，应由政府来买单。既然义务教育是国家法律所规定必须实施的，而且对受教育者又是免费的，那么义务教育就理应由国家来提供。既然义务教育是公共产品，按照公共财政理论，实施义务教育所需经费就应该由公共部门来提供。因此，实施普及义务教育所产生的债务，是公共财政的债务，应由公共财政来偿还。

第二，政府是实施义务教育的责任人。1986 年颁布的《义务教育法》第 12 条明确规定：“实施义务教育所需事业费和基本建设投资，由国务院和地方各级人民政府负责筹措，予以保证。”按照当时的分级办学体制，农村义务教育经费主要应有县、乡两级政府负责筹措，并予以保证。那么，各地“普九”的债务就是县、乡两级政府的债务，应由两级政府来负责偿还。

第三，从国际经验看，在中央集权的单一制国家，义务教育阶段支出的主要责任在高层政府，在法国，教师工资是由中央政府全额负责。在我国，义务教育阶段的经费支出责任大头在县、乡政府，而这一级政府又缺乏稳定的财源，由此形成的债务风险就很难由这一级政府负责。由中央政府牵头处置债务，并相应建立义务教育经费保障机制就是理所当然的事情。

（二）农村基金会债务清理

1. 债务风险的形成原因

农村合作基金会是人民公社解体之后产生的一种农村金融合作组织。它是在乡（镇）、村政府组织参与下兴办起来的，其建立的初衷是为了管好用活农村体制改革过程中无法分割的集体资金，并在基金会内部成员之间相互融通资金，是一种非正规的金融组织。从 20 世纪 80 年代的中期开始，四大国有商业银行从中西部县域地区大规模地撤退，导致县域金融组织体系的严重萎缩，中小企业贷款无门。为了解决农村金融严重不足，1987 年，根据广东、四川等地创造的经验，国家允许民间资本创建农村合作基金会。农村合作基金会是改革开放历史大潮中所产生的一个客观事物，也是基层政府在国家投融资体制发生变化的条件下，为推动地方经济建设与社会事业发展所做出的积极探索。然而，由于当时我们对于在市场经济条件下如何推进金融体制改革尚处在探索之中，特别是农村合作基金会在运作过程中出现了很多问题，导致基金会后来越来越严重地偏离了主观上所希望的发展方向。

农村基金会风险形成的原因主要有以下几个方面：一是行政干预严重。地方政府（尤其是乡镇政府）为追求政绩而违背资金营运的基本规律，强行要求合作基金会为修路、办学、建医院等公益事业借款，甚至直接划拨财政以缓解财政资金短缺的矛盾，这部分资金基本不能偿还，使合作基金会不堪重负。二是内部监督机制缺乏。虽然合作基金会无一例外地成立了会员代表大会，但其作用却名不副实，特别是对合作基金会运行监督作用微乎其微。会员代表大会的流于形式，使合作基金会不能形成内部监督和制衡功能，无法建立有效的自我约束机制。三是管理水平低下。表现为贷款随意性强，相关手续不全，超比例放贷问题始终不能解决；内部审计、稽核制度不健全，资金投放中的违规现象屡禁不绝；对风险损失责任无准确界定，缺乏有效的激励和约束机制。

到中央正式提出整顿关闭之前的 1996 年年底，全国已有 2.1 万个乡级和 2.4 万个村级农村合作基金会，融资规模大约为 1500 亿元。由于 1998 年各地普遍出现农村合作基金会的挤兑，四川、河北等地甚至出现了较大规模的挤兑风波，并且酿成了危及农村社会稳定的事件，1999 年 1 月，国务院发布 3 号文件，正式宣布全国统一取缔农村合作基金会。该文件强调，“为有效防范和化解金融风险，保持农村经济和社会的稳定，党中央、国务院决定对农村合作基金会进行全面清理整顿。清理整顿的目标任务是：停止新设农村合作基金会；现有的农村合作基金会一律停止以任何名义吸收存款和办理贷款，同时进行清产核资，冲销实际形成的呆账，对符合条件的并入农村信用社，对资不抵债又不能支付到期债务的予以清盘、关闭。”

2. 清理整顿的做法与成效

从各地的实践来看，农村合作基金会清理整顿工作基本上分为清产核资、分类处理、清收欠款和存款兑付几个阶段。清产核资、分类处理阶段，由地方政府组成工作小组对所辖区基金会进行资产债务核算。对资产本身大于负债或本身资不抵债，但经过财政注资后资产大于负债的农村合作基金会，并入当地农村信用社；对于资不抵债，地方财政无力注入资金的农村合作基金会，予以清盘关闭，由当地政府处理债权债务。清收欠款阶段，运用法律手段加大对呆滞账的收欠力度；用行政与纪律的手段加大对党员、干部贷款和担保贷款的清收力度；明确基金会是清收贷款的第一责任人，加大对股东贷款的清收力度。存款兑付阶段，各地的做法一般是由地方政府筹措现金首期兑付基金会的农户存款，对于因现实条件制约而不能马上兑付的农户存款，政府承诺在几年内逐步解决。

尽管存在巨大困难和矛盾，但依靠政治压力和以行政手段控制的优势，全国农村合作基金会的清理整顿工作基本上完成了上级的任务。这至少证明在我国的特殊体制下，自上而下的动员机制仍然有效。但是，由于上级以行政命令关闭本来是地方政府控制的基金会，必然造成政府信用丧失，因此带来的资产损失相对更为严重。在农村合作基金会的清理过程中，地方政府注入了大量资金。如温州市 191 家农村合作基金会，148 家归并农村信用社，43 家实施强制清盘关闭或自行清盘关闭。温州有关县（市、区）政府注入资金 2.6 亿元，存入承诺担保金约 1.6 亿元，共计 4.26 亿元，其中向省财政专项贷款 3.29 亿元。

3. 几点启示

对于地方政府来说，农村合作基金会引起的债务属于政府或有隐性负债的范围。主要原因有：

第一，农村合作基金会的关闭是导致地方政府背负巨额债务的直接原因，农村合作基金会的产生、发展和衰退很大程度上受中国社会、经济、政治形势变化的影响，其债务的形成受地方政府行政干预的影响也比较大。为了维护农村金融市场的稳定，地方政府不得不出面解决农村合作基金会面临的各种债务危机。

第二，地方政府为农村合作基金会“买单”很大程度上出于维护社会稳定、农民利益和政府威信的目的。农村合作基金会运营过程中形成的巨额债务隐含着巨大的金融危机，它的清理关闭甚至会引发社会各种不稳定因素，地方政府必须解决这些问题，进而缓解公众对政府逐渐形成的不信任情绪。所以，地方政府在农村合作基金会清理整顿过程中承担了几乎所有的债务偿还任务。虽然地方政府为农村合作基金会买单有利于维护农民的利益和社会的稳定，但地方政府却因此而背上了巨额债务包袱。

（三）“广国投”的破产清算

1. 风险形成的原因

1998 年 10 月，中国广东省国际信托投资公司（以下简称“广国投”）发生债务危机，最终导致公司破产清算。消息传出，立即引起轩然大波，中外瞩目。“广国投”的前身是 1980 年 7 月经广东省人民政府批准成立的“广东信托投资公司”。1983 年 10 月，经中国人民银行批准，成为一家国有非银行的地方金融机构。20 世纪 80 年代末期，“广国投”从单一经营信托业务发展成为以金融和实业投资为主的企业集团，经营规模不断扩大，凭借其“窗口公司信用”在世界范围融资，十多年间通过在国际上发行债券、贷款、担保、参股、投资租赁等方式，举办和支持了一批广东省重点建设项目，为广东的经济和社会发展发挥了积极作用。

但是，地方政府办金融的同时也产生了诸多问题，一旦金融机构成为政府的融资工具，其投融资行为就受到政府的控制与支配。作为广东省对外筹资窗口和投资主体，“广国投”实际上扮演着省政府“小钱柜”的角色，省政府也一直是用行政的方法来管理“广国投”，尤其是当政府的意图与企业本身的利益发生冲突时，后者一定要给前者让步。由于企业的主要负责人是由政府任命，而且多从政府官员里选拔，所以，他们习惯于按照政府的办事程序来处理企业的事务，服从政府的安排，难以切实地维护企业自身的利益。

地方政府对“广国投”经营活动的干预体现在许多方面，最重要的体现在贷款安排上。根据人民银行关闭清算组的清产核资报告，原“广国投”本部截止 1998 年 10 月 6 日的中长期贷款总额为 59.4 亿元，其中，政府担保部分为 54.8 亿元，占 95.6%。按户数看，159 项政府项目中，仅有 22 户经营正常，约占 14%。从金额算，54.8 亿元政府担保贷款中，仅有 8.7 亿元运转良好，约占 15.8%。其余大部分政府担保贷款，不是半停产，就是情况不明，或是已停产

（按金额比例算高达 61.6%）。

2. 破产处置的过程

大约从 1996 年开始，“广国投”就从表面上的盛极一时逐步走向衰落。为了应付 1998 年这一还债高峰年，“广国投”在 1997 年下半年到 1998 年仍然在海外金融市场奔走，筹划新一轮发债或银团贷款，然而，由于长期经营不善，再加上持续的亚洲金融危机，“广国投”终因无法支付巨额内外债务而于 1998 年 10 月 6 日被实施行政性关闭。

1998 年 10 月 4 日，中国人民银行决定关闭“广国投”，并组织关闭清算组对其进行关闭清算。关闭清算期间，“广国投”的金融业务和相关的债权债务由中国银行托管，“广国投”属下的证券交易营业部由广发证券有限责任公司托管，其业务经营活动照常进行。清算的初步结果是：“广国投”总资产为 214.1 亿元，负债 361.1 亿元，资产负债率 168.1%，资不抵债 146.1 亿元。其中，境外债务高达 159 亿元，涉及境外银行和机构 130 多家。为此，决定由不能支付到期巨额债务、严重资不抵债的“广国投”向法院提出破产申请。

广东省高级人民法院于 1999 年 1 月 16 日裁定，广东国投公司破产还债，指定清算组接管广东国投公司。裁定宣布后，广东国投公司的破产清算工作依法按以下步骤进行：第一，债权的申报、审核和确认。广东省高级人民法院最终确认，广东国投公司破产案的债权人共计 200 家，债权金额总计 202 亿元；第二，破产财产的审核、确认和处理。第三，破产财产分配与终结破产程序。

3. 几点启示

对不能清偿债务的“广国投”依法实施破产，这样做的好处是：

第一，符合国际惯例，有利于与国际接轨。

第二，符合市场经济发展的规律。市场经济的优胜劣汰是一种铁律，对那些严重资不抵债的企业依法实施破产正是按市场经济规律办事的体现。

第三，坚持了政企分开的原则。正像朱镕基总理所说的那样：“广国投”申请破产这件事情是中国金融改革过程中的一个个别事件，中国政府不会为一个金融企业还债，如果这个债务不是由各级政府所担保的话。”

第四，体现了依法办事的原则。《中华人民共和国企业破产法》已经颁布多年，但真正实施起来却困难重重。这次，“广国投”向法院提出破产申请，法院决定立案受理，并严格依照法定程序办理案件，按照法律规定处理破产财产，公平保护各方当事人的利益。这是一大突破，也是我国建设社会主义法治国家的表现。

二、加强债务危机处置的重要意义

（一）地方债务风险正在逐步积累

1. 债务规模加速膨胀

近年来，我国地方政府债务重新出现膨胀的趋势。根据中国国家审计署的报告，截至 2010 年年底，全国地方政府性债务余额 10.7 万亿元，其中地方政府融资平台债务占近一半。地方政府负债率达到 26.7%。1996—2010 年，地方政府债务余额年均增速高达 31.6%，明显高于全社会投资 19.8% 和地方财政收入 18.7% 的年均增速。另外，近一半的债务（5 万多亿元）是 2008 年以后的两年间形成的。2010 年以后，尽管监管部门对地方政府融资平台进行整顿与规范，限制其贷款扩张，但是，又有一些新的因素影响到地方政府债务融资，特别是理财产品和影子银行为地方政府债务扩张提供了新的渠道。目前，地方政府负债率可能已经超过了 30%，与不少发达国家的水平相当。这让人们对未来地方政府债务的可持续性产生担忧。

2. 债务风险逐步扩大

2011 年，上海、云南两家政府投资公司发行的城投债出现违约迹象，造成整个债券市场的动荡，还是当地政府出面化解危机，这表明地方政府债务不仅能通过银行系统传递风险，也能通过金融市场渠道形成更为显著的扩散效应。根据国家审计署的资料，2012 年年底，有 14 个省会城市本级政府负有偿还责任的债务已逾期 181.7 亿元，未来地方政府到期无法还债的情况可能频繁出现。如果按照 8% 的利率计算，2010—2012 年，地方政府债务利息分别为 0.86、0.9 和 0.96 万亿元。而 2010—2012 年，地方政府土地净收益分别为 1.57、0.95 和 0.58 万亿元。2010—2011 年，土地净收益支付利息没有问题，而到 2012 年，土地净收益只有需要支付利息额的 60%。作为主要的还债来源，土地净收益大幅度减少，预示地方政府债务风险扩大。

3. 远期债务扩张压力较大

这主要反映在新型城镇化产生的资金压力。当前，我国城镇设施水平和质量仍然较低，城镇化过程中的基础设施和公共服务投入需求仍然巨大。另外，几乎每个城市都建设有新区或新城，城市扩容意味着投融资的进一步增加。2011 年，我国固定资产投资额 30.2 万亿元，与城镇化有关的投资约为 5 万亿元。如果按照10%的投资增速，十年间城镇化投资总规模将达到77万亿元。即便按照50%的债务融资比例计算，仅城镇化的债务总规模就可能达到近40万亿元。由于城市政府在城镇化中的主体地位和重要功能，在这些贷款中，至少也有50%是属于地方政府的债务。即在未来城镇化过程中，地方政府负债总规模可能会达到20万亿元。当前地方政府的举债行为应当得到约束，要为未来留下足够的债务空间，这是必须要引起高度关注的问题。

（二）地方政府没有产生危机意识

我国是中央集权型单一制国家，地方政府在中央政权的严格控制下行使职权，由中央委派官员或由地方选出的官员代表中央管理地方行政事务，税收和发债的权力高度集中于中央政府，省以下政府没有税收的立法权，除法律和国务院另有规定外，地方政府不得发行债券。既然地方政府没有征税的权力，也就不可能要求地方政府为其债务负责；既然地方政府预算不能列赤字、不能发行债券，也就不承认地方政府真正拥有债务。可见，在我国的政治制度和财政体制背景下，地方政府的财政信誉是与中央政府紧密捆绑在一起的。地方政府债务膨胀以及部分地方政府债务支付出现困难的状况不会使地方政府产生危机感，地方政府未来通过债务融资进行投资扩张的冲动仍然十分强劲。

而在具体的债务危机处置过程中，由中央政府出手救助或主导求助过程也成为惯常的做法。在许多情况下，中央政府成为地方政府的最后的“财政安全网”，地方政府经常以财权、事权不对等为由，在债务危机问题处理上与中央政府进行讨价还价，又常常以“中央为地方增加转移支付和提供再贷款”作为解决危机的最终方式。这种体制本身就意味着中央政府为地方政府各种财政活动或非财政活动提供了隐性担保，导致了很坏的示范效应，间接地鼓励了地方政府通过提供担保和过度举债来进行经济建设，容易产生严重的道德风险问题。

（三）亟须建立严肃的债务处置机制

长期以来，我们非常重视危机的即时处理，只有出现明显债务风险隐患时，中央政府才会真正关注这一问题，并出台临时性处理办法，但是，危机过去，一切照旧。这也反映出我国地方政府债务管理体系不健全，机制不完善，缺少全局性的、制度性的债务处置和风险防控设计。应该说，只有建立起了规范的债务处置机制，才能在地方政府心中形成稳定与持续的预期，促使其调整行为规范，自觉约束自己的行为。

我国地方政府债务风险的根本问题在于中央政府的信用背书，一旦下级政府出现债务危机情况，中央政府大多数情况下会出手相救。未来如果仍然沿用旧的处置方式，把地方债务转嫁给上级政府，并再次由全体国民承担最终责任，将很难被社会所接受。因此，中央政府必须明确向地方政府发出不完全救助的信号。即要建立起严肃的债务处置规范，明确中央政府和地方政府在债务处置中的责任和义务。从根本上增强地方政府的危机责任意识，避免了由中央政府兜底产生的道德风险。

探索建立地方政府破产制度具有积极的意义。如果地方政府可以申请破产，地方政府的债务风险是隔离的，一个地区或城市的问题不会带来整个国家的系统性风险；地方政府破产也具有惩戒作用，破产城市的公共支出将大幅缩减，百姓要承担更高的税负，对破产负有责任的官员，其仕途将受到影响；地方政府破产更具有警示作用，提醒人们反思地方经济和财政发展模式存在的弊端。没有什么债务处置方式比破产对地方政府的肆无忌惮的举债更具威慑力了，是一种债务风险控制的长效机制。

三、地方政府债务危机处置的国际经验

从国外经验看，完善的地方政府破产制度有助于增强地方政府的预算硬约束，并将危机爆发后各方的损失降低到最低程度。了解国外地方政府债务危机爆发的原因及各国事后危机处置方面的有益经验，对未来建立、健全我国的地方政府危机处置机制，具有重要的借鉴意义：

（一）从各国的发展史看，地方政府陷入债务危机屡见不鲜

从各国经验看，地方政府债务融资是一把“双刃剑”，在缺乏有效监管的情况下，地方政府债务融资蕴含着种种风险：一是中央对地方政府融资的软约束将带来各地方政府竞相“搭便车”的道德风险问题，并最终转嫁到中央财政上来。如 20 世纪的阿根廷、巴西、墨西哥等国家经历的债务危机大都源于这一因素。二是举债用来弥补财政赤字，无异如“饮鸩止渴”。例如，匈牙利、印度和俄罗斯等国家出现地方债务危机的主要原因就是通过借款来为经常性赤字融资。三是地方政府的债务组合可能会面临展期风险。如 20 世纪 90

年代墨西哥和俄罗斯经济危机之前，两国地方政府都拥有风险性的债务组合，经济危机的冲击暴露了这些债务组合抗风险能力的脆弱性，触发了大规模的地方债务危机。

（二）宏观经济基本面恶化会令地方政府债务隐患“水落石出”

从 20 世纪 30 年代美国地方政府债务危机的教训看，宏观经济基本面恶化、经济增速下滑会令地方政府债务隐患“水落石出”。由于 20 世纪 20 年代汽车产业的兴起及城市化进程的加快，美国地方性公共基础设施建设的需求急速增长，美国地方政府资本性支出的水平从 1920 年到 1930 年增长了近 1 倍，其资金主要通过发行一般责任债券募集，并以房产税收收入作为担保。到 1932 年，33 个州偿债支出超过年度总支出的 10%，其中 14 个州更是超过了年度总支出的 15%。然而，随着 20 世纪 30 年代经济大萧条的到来，美国地方政府房产税税收急剧下降，同时，用于低收入家庭服务和失业抚恤的支出则大量增加，导致市级政府债务拖欠大规模爆发。1932 年，有 678 个地方政府发生债务拖欠，至 1935 年年底，则有超过 3200 个地方政府资不抵债。

（三）为增强地方政府债务融资的自律性，需建立规则化、长效化的债务危机处置机制

从美国的经验看，通过立法明确地方政府的破产标准，并通过独立法庭或监管机构来实施，是确保地方债务清偿并遏制地方债务拖欠的关键。1937 年，为应对大萧条期间大规模的市政府债务拖欠，美国国会通过了债务偿还标准和市政府破产程序，并由联邦法院明确破产标准。《美国联邦破产法》的第九章专门规定了可以提出破产申请的地方政府的条件，明确指出了哪类地方政府在何种状态下可以申请政府破产。在日本，虽没有明确的确认地方政府破产的法律，但设有财政重建团体制度——根据《地方财政再建促进特别措置法》，地方政府被认定为财政重建团体，就可代表地方政府破产。在某些国家（如南非），出现地方政府财政危机时，一般首先采用行政手段干预，一旦恶化为破产，再采用司法手段。总而言之，无论是通过司法，还是通过行政，还是采取两者结合的方式，上述国家都根据本国国情建立起了相对成熟的规范化的地方政府债务危机处置制度。

（四）地方政府债务危机处置的全过程可总结为："破产发生—经历财政重建—恢复财政正常化"

1. 地方政府破产的发生。在破产产生评判标准的界定上，日本规定赤字额超过了标准财政规模的5%（都道府县）或20%（市町村）即发生破产，地方政府有资格依照重建法申请成为财政重建团体。在美国，《联邦破产法》第九章适用的对象限定为不包括州的自治体（即市政府），条件是出现无偿债能力的情况。而南非则规定任何债权人都可以申请地方政府破产。在破产受理方面，日本地方政府破产要向总务大臣提交申请。而美国则通过破产法院进行处理。

2. 地方政府经历财政重建的过程。破产机制规则要求破产后的政府能维持基本的公共服务，并做出恢复地方财政可持续性的财政调整，这就需要一个财政重建过程。财政重建的主要方法是减少支出或者增加收入。增加收入的手段包括：增加中央的转移支付或补助金金额、增加地方税种或调高税率、提高公共设施使用费以及出售地方性政府资产。在缩减支出方面，财政重建就需要地方政府在各个方面节制其各项支出，例如：减少对各类团体的补助、减少公共设施投入、削减政府部门的行政费用等。破产后，地方政府的公共服务水平将缩减到同规模地方政府中的最低水准，也无法再进行城市基础设施方面的新投资。此外，如果接受中央或上级政府的援助，地方政府的财政自主权将会受到很大限制，比如，在日本，如果某地方政府依照《财政再建促进特别措施法》成为财政重建团体的话，就无法进行自主的地方自治，预算制定需要与中央政府商量，预算实施也基本没有了自主性。相反，那些满足财政重建团体条件的地方政府，如不愿意接受《财政重建促进特别措施法》的制约，中央政府将不予以援助。

3. 地方财政恢复正常化。经历上述的财政重建后，当地方政府收支恢复均衡、债务得以清偿时，就实现了财政的正常化。对地方政府来说，显然，获得这一"新生"，是一个艰难的自我调整的过程。

（五）中央与上级政府明确不援助的立场将有助于建立地方政府的预算硬约束

上述经验表明，中央或上级政府明确不援助立场将有利于防范地方政府的道德风险。地方政府破产制度要求地方纳税人偿还地方政府所欠债务，这也将减少上、下级政府间不必要的博弈行为。

从美国的情况看，美国州及州以下地方政府历史上曾爆发过几次较大的债务危机，当地方政府陷入财政危机时，除 1997 年的华盛顿危机外，联邦政府一直坚持拒绝援助的立场，在纽约（1974）、费城（1990）、布里奇波特（1991）、迈阿密（1996）、橙县（1994）和卡姆登（2000）等一系列地方政府财政危机中，联邦政府都未将紧急援助纳入备选方案，目的就是为了建立地方政府硬预算约束制度。

美国地方政府破产的典型案例：橙县破产

1994 年 12 月 6 日，加利福尼亚州的橙县宣布破产。破产源于该县向银行借了 130 亿美元短期债务用于投资，结果发生巨额亏损。宣告破产前，橙县政府也曾试图寻求州政府和联邦政府的帮助。但州政府认为，橙县破产的根本原因是县政府管理不善，如果州政府为橙县的人为操作失误埋单，会给其他地区带来不良导向，引发道德风险，因此，州政府拒绝给予援助。联邦政府也基于同样理由支持州政府的决定。橙县宣告破产后，市政当局成立了危机处理小组，采取了一系列措施，例如：降低政府公务人员比例；压缩固定资产投资和削减公共服务项目；与债务人谈判，以未来该县税收收入担保对债务进行延期。橙县政府和当地民众为解决债务问题付出极大的代价，但通过上述措施，八个月后，橙县走出了破产困境，逐步恢复了财政正常化。

四、国外经验对我国未来改革的启示

一是从国外经验看，健全事后处置机制，是保证地方政府举债成本内部化的重要手段。在实践中，如果存在中央和上级的隐性担保，各方都有中央兜底的普遍预期，自身弱信用的地方政府也会因此而获得强信用，不仅地方政府敢借，银行等金融机构也敢借。建立合理的危机处置机制，意味着上级政府将不会轻易援助，而且，即使出手援助，也是有条件的，地方政府需要为自己的失误而造成的债务违约“买单”。

二是引入破产制度，不仅能打破地方政府对上级援助的幻想，增强地方政府“借”的风险意识，也会增强债权人“贷”的风险意识。从我国企业改革的情况看，也正是有了健全的企业破产制度，不单是企业，银行等债权人的风险意识也大大增强了。

三是危机处置机制的建立，需要立足国情，这样才能在对地方政府起到

“惩前毖后”作用的同时，让债务危机对各利益相关方所造成的损失，降低到最低程度。

五、未来完善我国地方政府债务危机处置机制的政策建议

因此，未来在设计我国的地方政府债务危机处置机制时，一定要先明确中、外体制有哪些不同，采取符合我国国情条件的制度设计。

要完全建立法治化的破产制度需要其他的制度条件也到位，比如中央与地方之间的分税合理，中央与上级不援助才有合理性的基础。同时，当存在着决策民主化的完善政治体制时，中央与上级政府才能扛得住压力不援助。此外，信息披露制度健全，对债权人（银行以及资本市场的投资人）也才公平。

我们认为，鉴于法治化的地方政府破产制度近期内在我国实施的条件并不具备，应采取“近期治标与中长期治本”相结合的渐进式改革方案。近期应以针对官员个人（决策者）的行政性处罚为主；中期过渡到行政手段与司法手段相结合的体制；远期，再逐步过渡到法治化的地方政府破产制度。在此过程中，地方政府危机处置机制方面的改革一定要与其他的相关改革相互协调、配套。

要有危机显性化机制，事前要有预警与监督体系。应将事后处置与事前监督结合起来，将处罚机制与奖励机制结合起来。同时，还要切断地方政府的“其他后路”，比如切断其与银行的私下交易，切断上级的变相援助等。否则，如果还有其他“旁门”可走，类似破产制度的制度安排就可能会“形同虚设”。

总之，健全的地方债管理机制包括了“借、用、还”三个环节管理与约束机制的建立——除了事前的规模控制机制、事中的使用监督机制，事后的违约处置机制也十分重要。这样，在三个环节都缺乏自律的情况下，就能有效地通过引入“他律”，来倒逼地方政府增强其自律性。这样，地方政府在借上的盲目、在用上的低效、在还上的拖欠，就都将受到有效抑制。

建立法治化的违约处理机制，还意味着，规则制定后，需要依法严格执行，从而逐步改变“法不责众”的局面。给了正规合理的出路后，纪律执行就要从严，如展期也要惩罚；上级即使出手援助，也要让地方政府及相关决策者付出一定代价，如上黑名单、下调下一年的发债或中央援助资金的额度、地方领导若干年内不准升迁等。

这样，就能逐步增强地方政府“风险自负”的意识，促使其向负责任的融资主体转变，当地方政府真的要为其债务融资失误买单时，债务市场的市场机制也才能充分发挥“优胜劣汰”的作用，这样，地方政府债务融资软约束的局面，就能从根本上加以改变。

参考资料：

文义海、周元武：《我国农村“普九”债务的性质及其化解对策》，《教育与经济》2007年第3期。

温铁军：《农村合作基金会的兴衰：1984—1999》，http://www.usc.cuhk.edu.hk/ PaperCollection/Details.aspx?id=432。

李静：《关于农村合作基金会的研究综述》，《中国农村观察》2002年第6期。

赵早早：《地方政府或有隐性负债问题研究——以农村合作基金会为例》，《公共管理学报》2005年第4期。

孙悦：《地方政府破产与财政重建研究——以日本北海道夕张市为个案》，《公共行政评论》2011年第1期。

李琦、王亮：《地方政府破产与财政重建的一般过程分析》，《社会科学战线》2011年第5期。

《全国农村“普九”债务可能超1000亿元》，财新网，2010年2月11日。

《中央财政首次出资偿还“普九”债务》，财经网，http://www.caijing.com.cn/2007-12-25/100042868.html。

北京大学中国经济研究中心发展战略研究组：《地方政府的职能和融资渠道——广信事件案例分析》，《管理世界》双月刊1999年第5期。

《广东国际信托投资公司破产案》，《最高人民法院公报》2003年第3期。

财政部预算司课题组：《美国地方政府债务危机处理》，《经济研究参考》2009年第43期。

第四章　地方政府债务融资状况评价

本专题研究报告侧重于对我国地方政府债务融资的现状进行实证分析与研究。报告探讨了地方政府债务的分类、地方债务风险评价的指标体系与方法，并建立了适应我国国情的地方政府债务红绿灯警示体系，在此基础上，对我国近年地方政府债务风险的状况，从总量到地区、层级、行业结构等各个角度，进行了全方位、系统的分析评价。

近年来我国经济持续高速发展，一方面各级政府财政收入迅猛增长，另一方面政府主导型投资为经济增长贡献了巨大力量的同时，各级政府的财政负债规模也在急剧增加，地方政府负债已成为一种全国性的现象。在政府财政收入与财政负债双重增加的背景下，深入研究并合理评价地方政府的负债规模和负债风险显得尤为重要。本文将对2007—2009年地方政府债务状况进行评价，为地方政府债务问题的进一步深入研究打下基础。

一、地方政府债务评价指标体系与方法

近年来，随着地方政府投资规模的扩张，地方政府的债务问题引起人们的关注。对地方政府债务状况做出评价，对于控制政府债务风险十分重要。在评价地方政府债务状况时，由于我国地方政府债务数据的不可得性和债务状况的差异性，地方政府债务的统计存在多种口径和估计方法。

从地方政府债务的分类来看，根据债务发生是否需要特定的条件，可以将地方政府债务分为直接债务和间接债务；根据债务的发生是否属于法定义务，可以将地方政府债务分为显性债务和隐性债务；根据债务的表现形式，可以将

地方政府债务分为赤字性债务和融资性债务。在这里，我们按照地方政府债务的表现形式，将其划分为经常性债务和建设性债务，对地方政府的债务规模进行估计和评价，如表 4-1 所示。本文研究的对象不包括港澳台地区。

地方政府经常性债务，是指地方政府因履行地方政府日常职能（如科教文体卫事业）而造成的财政收入缺口，在本文中用政府财政收入缺口的一定比例（0.8 或 1）来估计。地方政府建设性债务，是指地方政府因投资市政基础设施、社会公共管理、行业发展基础建设等建设性资本支出导致的债务，与经常性债务区分开来，在地方政府债务中占有很大比重。建设性债务来源于建设性投资，因此，我们根据行业投资的相关数据来粗略地估计各个省级地方政府的建设性债务状况，并进行横向比较和分析。

表 4–1　地方政府债务分类

一级指标	二级指标	估计方法
地方政府债务规模估算	经常性债务规模	财政收入缺口 = 决算财政支出 – 决算财政收入
	建设性债务规模	根据城镇各行业投资数据估计地方政府建设性投资规模

基于上述估计思路，设计如下指标体系，从三个维度对地方政府债务进行评价。其中财政收支状况反映地方年度收支状况和财政管理水平，注重对财政短期风险的度量，采用了财政收支缺口率和地方财政赤字率两个指标。

地方财政举债能力侧重从流量角度度量财政可持续性以及地方政府债务的短期风险。包括地方财政债务依存度、债务利息偿还率两个指标。地方政府财政债务依存度从流量上反映财政支出对政府负债的依赖程度，债务利息偿还率指标还可以用于衡量地方债务的期限结构，该指标越高，表明期限结构越不合理，债务偿还越集中，政府面临偿债高峰期的风险越大。

地方政府应债能力从存量角度度量地方政府债务长期风险，包括地方债负担率、居民个人地方债负担率以及地方债借债率三个指标。地方债负担率反映政府举债对国民经济的影响程度，表示政府债务存量规模与国民经济活动规模的关系。居民个人地方负债负担率反映地方政府债务对居民日常生活的影响，可以从侧面衡量社会稳定性。地方借债率反映地方新增债务规模。

根据设定指标，建立相应的地方政府债务红绿灯警示体系。警戒线根据整体分布情况结合以往经验和国情进行设定，具体设定见表 4-2。

表 4–2　地方政府债务评价指标及红绿灯体系

一级指标	二级指标	警戒线	
财政收支状况	财政收支缺口率 = 财政收支缺口规模 / 地方财政总收入		< 50%
			50%-70%
			> 70%
	地方财政赤字率 = 地方年度财政赤字 / 地方年度 GDP		< 2.5%
			2.5%-4%
			> 4%
地方财政举债能力	地方财政债务依存度 = 当年政府负债增加额 / 地方财政支出		< 20%
			20%-30%
			> 30%
	债务利息偿还率 = 当年债务付息额 / 地方财政收入		< 10%
			10%-15%
			> 15%
地方政府应债能力	地方债负担率 = 当年地方债累计余额 / 地方当年 GDP		< 20%
			20%-30%
			> 30%
	居民个人地方债负担率 = 地方债余额 / 居民储蓄存款余额		< 20%
			20%-30%
			> 30%
	地方债借债率 = 当年地方债发行额 / 地方当年 GDP		< 5%
			5%-8%
			> 8%

注：绿灯，黄灯，红灯。

二、地方政府债务总量评价

（一）地方政府债务总规模

根据上述方法，我们估算了中国省级地方政府从2007年至2009年的债务规模。如图4-1所示，是将政府经常性债务按照财政收入缺口乘以0.8的比例来估计而得到的各省市地方政府债务规模。从总量上来看，2007年全国地方政府债务规模约为4.5万亿，2008年约为5.7万亿，2009年约为7.9万亿，呈逐年增长的趋势。从各省市来看，在刺激投资的经济政策指导下，政府债务规模也在逐年增长。

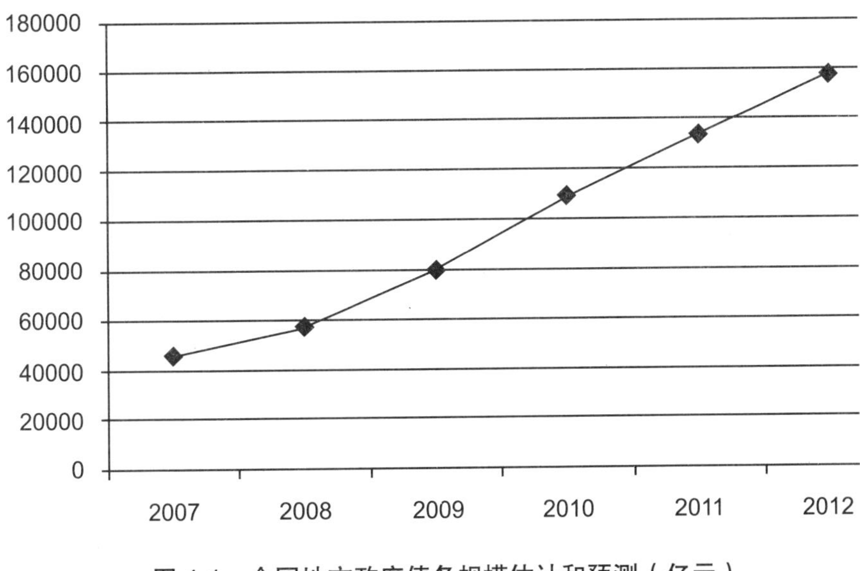

图4-1 全国地方政府债务规模估计和预测（亿元）

基于2007—2009年的估计数据，采用时间序列中的一次指数平滑算法对全国各省市地方政府2010—2012年的债务规模进行预测，得到的结果汇总在表4-3中。结果表明，2010年到2012年三年间，全国地方政府债务规模将继续增长，从10.94万亿上升到15.76万亿的规模水平。从其他研究来看，审计署2011年发布的全国地方政府性债务审计结果显示，2010年全国地方政府债务规模约为107174.91亿元，华泰证券2013年3月发布的报告综合统计了平台贷款、城投债、中央代发地方债、信托中的政信合作、保险资金基础设施债权投资、券商资管和私募合作的 BT 代建债务融资、上级财政借款和其他借款等数据之后指出，地方政府债务金额 2011 年为 13.2 万亿，2012 年达到 15.3 万亿，2013 年预计在 16.3 万亿。以上研究与本文预测结果大致吻合，在对全国地方政府债务规模的估计上具有一致性。

表 4–3　全国地方政府债务总规模估计及预测（单位：亿元）

	2007	2008	2009	2010	2011	2012
全国	45762.52	57111.09	79636.29	109418.37	133512.13	157605.90

（二）地方政府债务风险状况评价

表 4-4 和表 4-5 汇总了全国各省区市地方政府债务规模的估计情况和评价指标，得到全国地方政府债务评价的综合指标。从表中可以看出，2007 年到 2009 年，全国整体来看，多项指标到达风险警示位置，红灯的数量在不断增多，表明全国地方政府债务风险在不断加大。其中财政收支状况尤为堪忧，财政收支缺口率从 2007 年的 62.64% 攀升到 2009 年的 87.24%，财政收支缺口和财政赤字率在警示水平上保持高位运行。其次，反映地方财政举债能力的地方财政债务依存度和债务利息偿还率两个指标在警示水平附近持续波动，地方政府财政支出对债务资金的依赖加重，地方政府债务风险主要体现在短期流动风险方面，而长期风险也逐渐恶化。

表 4–4　全国各省区市地方政府债务规模估计及预测（单位：亿元）

	2007	2008	2009	2010	2011	2012
北京	1043.77	1013.56	1390.95	1860.97	2272.47	2683.98
天津	753.41	1138.93	1663.98	2271.53	2818.63	3365.72
河北	2121.73	2417.24	3786.86	5481.87	6920.78	8359.68
山西	1291.11	1596.88	2411.79	3415.63	4268.30	5120.98
内蒙古	2226.27	2536.77	3618.76	4970.35	6106.76	7243.16
辽宁	1995.07	2439.42	3409.28	4656.13	5684.75	6713.36

续表

	2007	2008	2009	2010	2011	2012
吉林	1278.77	1751.76	2188.89	2871.39	3355.47	3839.56
黑龙江	1476.03	1896.23	2638.05	3681.51	4477.75	5273.99
上海	1317.78	1674.61	2200.78	2859.67	3428.69	3997.70
江苏	2024.29	2489.45	3578.65	4880.07	6023.78	7167.48
浙江	1974.61	2097.14	2648.59	3349.32	3947.89	4546.46
安徽	1868.38	2249.76	2959.08	3995.10	4775.53	5555.95
福建	1385.04	1744.91	2387.06	3160.11	3837.28	4514.44
江西	1296.61	1563.14	2185.30	3055.60	3729.68	4403.77
山东	2395.02	3126.39	4097.05	5345.81	6380.76	7415.71
河南	2278.04	2700.23	3625.58	5008.26	6035.01	7061.75
湖北	1969.89	2441.75	3430.45	4741.68	5797.70	6853.72
湖南	1780.81	2359.54	3556.41	5089.92	6350.86	7611.80
广东	2360.01	2825.14	4225.57	5806.19	7249.90	8693.60
广西	1429.24	1736.38	2384.20	3276.61	3968.85	4661.10
海南	267.23	400.90	593.99	867.57	1079.60	1291.62
重庆	1317.84	1571.44	2114.88	2825.41	3408.55	3991.69
四川	2489.84	3744.26	5360.17	7561.09	9278.78	10996.48
贵州	1020.10	1270.06	1701.64	2374.33	2855.87	3337.42
云南	1823.72	2192.97	2989.76	4116.95	4993.32	5869.69
西藏	341.72	456.36	557.90	764.30	882.70	1001.09
陕西	1774.67	2393.18	3224.15	4330.25	5215.09	6099.92
甘肃	908.38	1250.26	1795.94	2584.81	3181.73	3778.66
青海	377.73	449.33	637.56	926.99	1136.62	1346.25
宁夏	311.38	407.52	610.54	895.96	1117.21	1338.47
新疆	864.03	1175.59	1662.47	2392.95	2931.80	3470.65

表 4-5　全国各省市地方政府债务评价指标（单位：亿元）

		2007	2008	2009
财政收支状况	财政收支缺口率	62.64%	71.90%	87.24%
	地方财政赤字率	5.36%	6.30%	7.79%
地方财政举债能力	地方财政债务依存度		23.04%	36.90%
	债务利息偿还率	12.23%	15.07%	13.19%
地方政府应债能力	地方债负担率	17.67%	18.71%	23.36%
	居民个人地方债负担率	28.38%	28.23%	32.97%
	地方债借债率		3.47%	6.17%

三、地方政府债务状况分地区评价

（一）从地方政府财政收入情况来看

1. 北京、上海、天津、江苏、浙江、广东、福建和山东等经济较为发达的省份是主要的绿灯区，地方政府财务状况良好（表 4-6）；

2. 其他地区财政收支风险较大，如天津、辽宁、福建，而且风险在逐年增加；

3. 西藏、青海、甘肃、宁夏、新疆的财政收支风险十分严峻，地方“入不敷出”缺口放大；

4. 财政收入状况全国各地区的平均红灯率为 73.1%，可见财政收支风险是全国各地区普遍存在的问题，需要引起相关部门的注意并且严加控制。

表 4-6　全国各省市地方政府债务评价指标 – 财政收支状况

地区	财政收支状况					
	财务收支缺口率			地方财政赤字率		
	2007	2008	2009	2007	2008	2009
全国	62.64%	71.90%	87.24%	5.36%	6.30%	7.79%
北京	10.51%	6.64%	14.43%	1.68%	1.16%	2.41%
天津	24.77%	28.43%	36.78%	2.65%	3.02%	4.02%

续表

地区	财政收支状况					
	财务收支缺口率			地方财政赤字率		
	2007	2008	2009	2007	2008	2009
河北	90.93%	98.57%	119.99%	5.23%	5.77%	7.43%
山西	75.61%	75.80%	93.80%	7.88%	8.17%	10.27%
内蒙古	119.82%	123.55%	126.46%	9.69%	10.36%	11.05%
辽宁	62.95%	58.80%	68.57%	6.18%	5.92%	7.17%
吉林	175.58%	179.12%	203.68%	10.65%	11.79%	13.63%
黑龙江	169.55%	166.70%	192.64%	10.57%	11.60%	14.39%
上海	5.17%	9.97%	17.69%	0.88%	1.72%	2.99%
江苏	14.12%	18.89%	24.42%	1.23%	1.70%	2.29%
浙江	9.54%	14.23%	23.84%	0.84%	1.28%	2.22%
安徽	128.77%	127.31%	147.93%	9.51%	10.40%	12.70%
福建	30.19%	36.52%	51.41%	2.28%	2.81%	3.92%
江西	132.15%	147.64%	168.77%	9.37%	11.13%	12.82%
山东	35.00%	38.20%	48.62%	2.26%	2.41%	3.15%
河南	116.99%	126.15%	158.05%	6.72%	6.91%	9.14%
湖北	116.37%	132.16%	156.60%	7.44%	8.29%	9.85%
湖南	123.73%	144.25%	160.79%	8.16%	9.34%	10.44%
广东	13.42%	14.15%	18.76%	1.20%	1.31%	1.73%
广西	135.41%	150.20%	161.17%	9.52%	10.86%	12.90%
海南	126.42%	147.11%	172.70%	11.19%	14.60%	18.61%
重庆	73.57%	75.91%	97.21%	7.90%	8.60%	9.75%
四川	106.75%	183.09%	205.70%	8.65%	15.25%	17.07%
贵州	178.95%	202.95%	229.49%	18.61%	21.18%	24.43%
云南	133.24%	139.43%	179.60%	13.68%	15.02%	20.33%
西藏	1267.19%	1429.98%	1462.41%	74.59%	89.86%	99.70%
陕西	121.78%	141.52%	150.47%	10.59%	12.22%	13.54%

续表

地区	财政收支状况					
	财务收支缺口率			地方财政赤字率		
	2007	2008	2009	2007	2008	2009
甘肃	253.75%	265.49%	334.87%	17.93%	22.15%	28.33%
青海	397.63%	408.03%	454.76%	28.78%	30.37%	36.90%
宁夏	202.20%	241.66%	287.49%	18.20%	20.90%	23.70%
新疆	178.16%	193.40%	246.44%	14.46%	16.61%	22.40%

（二）从地方政府财政举债能力来看

1. 全国整体红灯率为 64.5%，即超过半数的地区举债能力都亮起了红灯；

2. 绿灯区的主要范围是以北京、上海、江苏、浙江和广东为代表的东部经济发达地区，地方政府财政支出对债务资金的依赖较小；

3. 举债风险形势最严峻的红灯区分布在西藏、青海、陕西等西部省区，在 2009 年全国地方政府债务依存度 24 个红灯区和债务利息偿还率 22 个红灯区中，西部省区各占了 11 个和 12 个（表 4-7）。

表 4–7　全国各省市地方政府债务评价指标 – 地方财政举债能力

地区	地方财政举债能力				
	地方政府债务依存度		债务利息偿还率		
	2008	2009	2007	2008	2009
全国	23.04%	36.90%	12.23%	15.07%	13.19%
北京	-1.54%	16.27%	4.41%	4.17%	3.71%
天津	44.43%	46.07%	8.78%	12.74%	10.93%
河北	15.70%	58.34%	16.94%	19.29%	19.16%
山西	23.25%	52.18%	13.60%	16.14%	16.16%
内蒙古	21.35%	56.15%	28.49%	29.47%	22.97%
辽宁	20.63%	36.16%	11.61%	13.60%	11.57%
吉林	40.08%	29.55%	25.12%	31.32%	24.27%

续表

地区	地方财政举债能力				
	地方政府债务依存度		债务利息偿还率		
	2008	2009	2007	2008	2009
黑龙江	27.24%	39.51%	21.11%	24.79%	22.20%
上海	13.76%	17.60%	4.00%	5.37%	4.68%
江苏	14.32%	27.11%	5.70%	6.89%	5.99%
浙江	5.55%	20.78%	7.54%	8.20%	6.68%
安徽	23.15%	33.12%	21.65%	23.47%	18.50%
福建	31.63%	45.48%	12.48%	15.83%	13.82%
江西	22.03%	39.82%	20.95%	24.18%	20.30%
山东	27.04%	29.71%	9.01%	12.08%	10.06%
河南	18.50%	31.85%	16.65%	20.23%	17.39%
湖北	28.59%	47.29%	21.02%	25.97%	22.73%
湖南	32.79%	54.15%	18.50%	24.68%	22.66%
广东	12.31%	32.31%	5.34%	6.45%	6.25%
广西	23.68%	39.94%	21.50%	25.32%	20.73%
海南	37.34%	39.72%	15.55%	20.92%	18.00%
重庆	24.96%	42.06%	18.75%	20.57%	17.43%
四川	42.54%	45.00%	18.44%	27.17%	24.64%
贵州	23.72%	31.45%	22.54%	27.60%	22.06%
云南	25.11%	40.81%	23.61%	27.00%	23.12%
西藏	30.12%	21.60%	106.89%	138.67%	100.12%
陕西	43.30%	45.12%	23.53%	30.59%	23.68%
甘肃	35.30%	43.78%	29.98%	35.67%	33.84%
青海	19.69%	38.67%	41.96%	47.46%	39.24%
宁夏	29.62%	46.96%	24.51%	32.43%	29.55%
新疆	29.41%	36.15%	19.04%	24.61%	23.09%

（三）从地方政府应债能力来看

1. 地方政府应债能力全国整体红灯率为 51.6%，略好于举债能力红灯率 64.5% 和财政收支红灯率 73.1%，但是依然有超过一半的地区应债能力亮起了红灯（表 4-8）；

2. 分地区来看，西部省区财政应债能力差、多项指标被红灯警示，中东部地区虽然应债能力普遍较强，但相关指标也逐渐接近警示位置。如果不采取措施，也将面临很大的恶化可能性。

从三个维度的分析不难看到，从目前的评价体系来看，地方政府债务风险主要集中在财政收支风险和举债能力风险即债务的短期流动性风险上，而地方债务的长期风险也在不断恶化。尽管财政增速以 GDP 增速为参照物，但在实际过程中，地方政府“投资冲动”带来的收支不平衡，仍未改变地方财政“入不敷出”的局面，未来引发财政系统风险的隐忧仍存。因此，缓释地方政府债务的风险，应当先从控制财政收支风险入手，然后逐步实现从短期风险到长期风险的控制。

（四）从不同地区地方政府债务风险评价汇总

由于各省市经济发展水平和政府财政管理的差异，不同省市的债务状况存在较大差别。基于表 4-2 给出的评价体系，综合各地区在各个指标中的表现，可以将全国 31 个地区（不包括港澳台）进行红绿灯区域的划分，结果如表 4-9 所示。

◙ 属于红灯区的省份有西藏、青海、甘肃、云南、宁夏、贵州、新疆、陕西、四川、海南、内蒙古共 11 个省份，绝大部分处于西部地区。这些地区经济发展水平较低，财政收入有限，导致了较高的债务负担率；

◙ 属于黄灯区的省份有山西、重庆、黑龙江、广西、吉林、安徽、江西、湖南、湖北共 9 个省份，大部分属于中部地区，有着较好的财政基础和较大的投资开发需求；

◙ 属于绿灯区的省份有辽宁、河北、天津、河南、福建、上海、山东、浙江、北京、广东、江苏共 11 个省份，基本处于东部沿海地区，有着较高的经济发展水平和雄厚的财政实力，债务状况较好。

按照这样的标准划分得出的结果如图 4-2 所示。可以看出，地方政府债务安全等级呈现出明显的东中西部差异。西部地区的地方政府负债风险尤为突出，防范与化解西部地方政府债务危机已是迫在眉睫。

表 4-8　全国各省市地方政府债务评价指标 – 地方财政应债能力

地区	地方政府应债能力							
	居民个人地方债负担率			地方债借债率		地方债负担率		
	2007	2008	2009	2008	2009	2007	2008	2009
全国	28.38%	28.23%	32.97%	3.47%	6.17%	17.67%	18.71%	23.36%
北京	11.74%	8.68%	9.88%	-2.29%	3.11%	11.49%	9.90%	11.93%
天津	25.31%	29.60%	35.29%	6.07%	6.98%	15.45%	18.53%	22.93%
河北	25.39%	22.77%	29.83%	1.83%	7.95%	16.52%	16.09%	23.46%
山西	25.48%	24.26%	31.64%	4.41%	11.07%	24.10%	24.65%	34.83%
内蒙古	92.22%	83.99%	97.96%	4.00%	11.11%	38.49%	34.75%	39.36%
辽宁	26.41%	25.59%	30.15%	3.30%	6.38%	19.33%	19.31%	23.85%
吉林	43.66%	48.51%	51.74%	7.36%	6.01%	26.33%	29.63%	32.80%
黑龙江	36.30%	37.67%	44.87%	5.06%	8.64%	23.01%	25.14%	33.60%
上海	15.31%	15.02%	16.71%	2.60%	3.50%	10.99%	12.57%	15.22%
江苏	16.04%	15.51%	18.61%	1.53%	3.16%	8.11%	8.55%	10.84%
浙江	17.97%	14.84%	15.42%	0.57%	2.40%	10.68%	10.02%	11.96%
安徽	44.17%	43.10%	48.56%	4.30%	7.05%	27.27%	27.43%	31.95%
福建	30.31%	30.85%	35.08%	3.33%	5.25%	15.43%	16.68%	20.29%
江西	41.65%	40.98%	46.76%	4.11%	8.13%	25.45%	26.35%	31.11%
山东	21.96%	22.78%	25.24%	2.35%	2.86%	9.68%	10.54%	12.72%
河南	31.74%	31.05%	35.53%	2.29%	4.75%	16.52%	16.05%	20.44%

续表

地区	地方政府应债能力							
	居民个人地方债负担率			地方债借债率		地方债负担率		
	2007	2008	2009	2008	2009	2007	2008	2009
湖北	38.80%	38.98%	45.15%	4.16%	7.63%	22.83%	23.21%	28.44%
湖南	36.28%	39.21%	49.03%	5.19%	9.16%	20.99%	23.02%	29.32%
广东	10.95%	10.61%	13.89%	1.30%	3.55%	7.83%	8.18%	11.05%
广西	48.43%	49.12%	55.15%	4.28%	8.35%	25.90%	26.38%	33.31%
海南	34.13%	41.90%	51.10%	9.16%	11.67%	24.08%	30.39%	39.63%
重庆	42.84%	41.59%	45.68%	4.98%	8.32%	33.55%	32.55%	34.34%
四川	35.85%	42.77%	50.48%	10.03%	11.42%	25.43%	32.99%	41.29%
贵州	62.69%	63.09%	70.73%	7.50%	11.03%	40.93%	42.34%	48.38%
云南	64.12%	62.48%	69.41%	6.48%	12.91%	41.20%	41.48%	52.52%
西藏	246.16%	285.31%	285.33%	28.96%	23.01%	114.78%	133.24%	146.34%
陕西	44.19%	46.60%	51.09%	9.03%	10.17%	34.59%	37.37%	42.17%
甘肃	52.50%	56.50%	65.67%	10.76%	16.11%	37.20%	43.79%	58.68%
青海	95.60%	87.47%	100.85%	7.45%	17.41%	53.96%	52.80%	66.34%
宁夏	55.99%	57.10%	69.72%	8.75%	15.00%	38.66%	41.28%	49.86%
新疆	47.00%	51.52%	60.77%	7.41%	11.38%	27.42%	31.29%	43.35%

表 4-9　全国各省市地方政府债务评价指标－红绿灯个数汇总

一级指标	二级指标	警示灯	2007		2008		2009	
			个数	百分比	个数	百分比	个数	百分比
财政收支状况	财政收支缺口率		8	25.8%	8	25.8%	7	25.8%
			1	3.2%	1	3.2%	2	3.2%
			22	71.0%	22	71.0%	22	71.0%
	地方财政赤字率		7	22.6%	6	19.4%	4	12.9%
			1	3.2%	2	6.5%	3	9.7%
			23	74.2%	23	74.2%	24	77.4%
	地方财政债务依存度				8	25.8%	2	6.5%
					14	45.2%	5	16.1%
					9	29.0%	24	77.4%
地方财政举债能力	债务利息偿还率		7	22.6%	5	16.1%	5	16.1%
			3	9.7%	3	9.7%	4	12.9%
			21	67.7%	23	74.2%	22	71.0%
	地方债负担率		11	35.5%	11	35.5%	6	19.4%
			11	35.5%	8	25.8%	7	22.6%
			9	29.0%	12	38.7%	18	58.1%
地方政府应债能力	居民个人地方债负担率		5	16.1%	5	16.1%	5	16.1%
			5	16.1%	5	16.1%	2	6.5%
			21	67.7%	21	67.7%	24	77.4%
	地方债借债率				17	54.8%	7	22.6%
					8	25.8%	7	22.6%
					6	19.4%	17	54.8%

注：绿灯，黄灯，红灯。

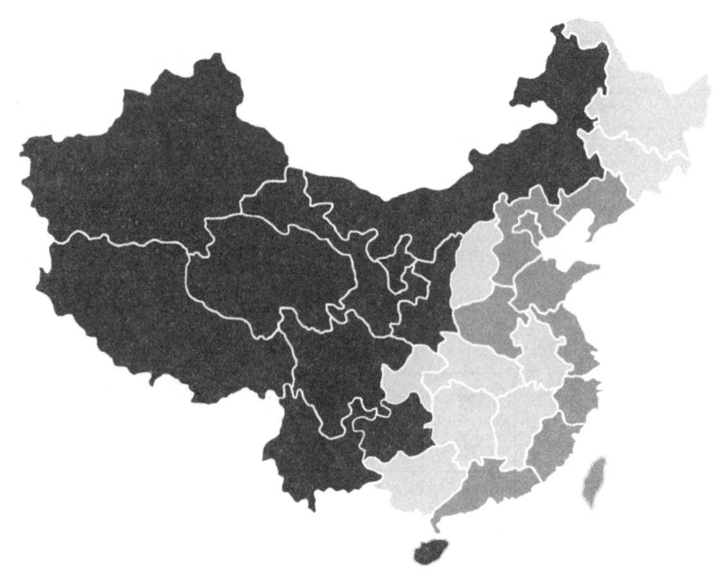

图 4-2　债务安全区域划分

四、三级地方政府债务层次结构评价

（一）三级地方政府债务的主要用途

1. 省级政府债务的主要用途有三大部分，一是高速公路建设；二是城市基础设施建设；三是教育投资，包括义务教育和高等教育。

2. 市级政府债务的主要用途一是用于保证政权运转、保证干部职工工资、农村义务教育；二是用于城市基础设施建设；三是用于消化粮食企业财务挂账、基金会挂账；四是兴建公共设施等公益性支出；五是投资兴办企业的生产性支出；六是垫缴税费等方面。

3. 县级政府债务主要用于乡镇政权建设；二是清理农村合作基金会贷款，粮食企业亏损挂账；三是利用国家开发银行借款开发项目；四是政法基础设施建设；五是农村义务教育基础设施建设和教育设备购置；六是偿还国债转贷基金和供销股金等；七是用于偿还拖欠的工程款和工资等。

债务层次结构是指省、市、县三级地方政府债务在全部地方政府债务中所占的比重。根据《2007 年全国地市县财政统计资料》中各省、直辖市、自治区所辖省、市、县各级政府的财政数据，运用统计方法可以估算各地区省、市、县三级政府的债务规模，由此可以得到地方政府债务的层次结构，如表4-10所示。

表 4–10　全国各省市地方政府债务层级结构

地区	地方政府债务估计（亿元）				债务层级结构（%）		
	合计	省 / 直辖市	市 / 区	县	省 / 直辖市	市 / 区	县
全国	45762.52	10067.45	12282.02	23413.05	22.00	26.84	51.16
北京	1043.77	392.62	588.00	63.15	37.62	56.33	6.05
天津	753.41	358.75	354.57	40.09	47.62	47.06	5.32
河北	2121.73	428.88	336.47	1356.38	20.21	15.86	63.93
山西	1291.11	333.12	213.97	744.02	25.80	16.57	57.63
内蒙古	2226.27	336.12	542.02	1348.13	15.10	24.35	60.56
辽宁	1995.07	314.45	806.52	874.10	15.76	40.43	43.81
吉林	1278.77	365.03	283.20	630.54	28.55	22.15	49.31
黑龙江	1476.03	470.02	337.25	668.76	31.84	22.85	45.31
上海	1317.78	192.56	1058.89	66.33	14.61	80.35	5.03
江苏	2024.29	346.55	604.51	1073.23	17.12	29.86	53.02
浙江	1974.61	237.70	451.28	1285.63	12.04	22.85	65.11
安徽	1868.38	467.26	425.03	976.08	25.01	22.75	52.24
福建	1385.04	259.00	338.91	787.13	18.70	24.47	56.83
江西	1296.61	258.08	164.72	873.81	19.90	12.70	67.39
山东	2395.02	297.79	566.73	1530.50	12.43	23.66	63.90
河南	2278.04	452.12	460.11	1365.80	19.85	20.20	59.96
湖北	1969.89	474.20	414.54	1081.15	24.07	21.04	54.88
湖南	1780.81	326.95	375.73	1078.13	18.36	21.10	60.54
广东	2360.01	-6.15	955.74	1410.42	-0.26	40.50	59.76
广西	1429.24	377.77	298.73	752.73	26.43	20.90	52.67
海南	267.23	81.30	56.86	129.07	30.42	21.28	48.30

续表

地区	地方政府债务估计（亿元）				债务层级结构（%）		
	合计	省 / 直辖市	市 / 区	县	省 / 直辖市	市 / 区	县
重庆	1317.84	384.86	576.82	356.16	29.20	43.77	27.03
四川	2489.84	290.98	420.25	1778.61	11.69	16.88	71.43
贵州	1020.10	313.15	117.62	589.34	30.70	11.53	57.77
云南	1823.72	421.43	266.73	1135.57	23.11	14.63	62.27
西藏	341.72	204.91	48.59	88.23	59.96	14.22	25.82
陕西	1774.67	666.47	338.73	769.48	37.55	19.09	43.36
甘肃	908.38	215.52	158.90	533.96	23.73	17.49	58.78
青海	377.73	171.38	49.53	156.81	45.37	13.11	41.52
宁夏	311.38	116.49	62.72	132.17	37.41	20.14	42.45
新疆	864.03	336.90	115.07	412.07	38.99	13.32	47.69

（二）三级地方政府债务负担评价

从全国来看县级政府负债所占的比例最高，达到 51.16%（图 4-3）。这是由于县级政府机构比较庞杂。根据李永刚（2011）的研究，从直接显性债务来看，县级政府拖欠工资最严重、农业综合开发借款比例最高；从或有显性债务来看，粮食企业亏损挂账和政府担保的中外合资融资租赁公司特定贷款最严重的也是县级政府。

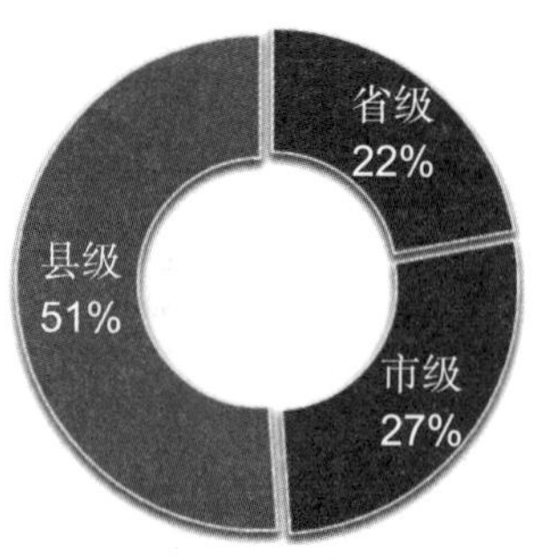

图 4-3　全国政府债务层级结构

五、地方政府分行业板块债务状况评价

红灯区与绿灯区相比，对电力燃气及水的生产与供应业、农林牧渔业占的比例相对较高，而交通运输仓储和邮政业、科研技术服务和地质勘查业、水利环境和公共设施管理业、文化体育和娱乐业占的比例相对较低。说明红灯区经济普遍比较落后，建设性投资主要集中在水电、农业等基础行业，而高科技行业、交通运输以及科教文卫的投资偏低。从表格 4-11、表 4-12 可以看到，要化解红灯区的负债风险，可以改善红灯区的投资结构，例如进行改革资源税可以促进资源节约和环境保护，增加地方尤其是中西部等资源性和经济欠发达地区的税收收入。资源税收入的提高可以增加地方财力，降低对债务的依赖程度。

表 4–11　2009 年债务红灯区各省建设性投资各行业比例估计（%）

行业	电力燃气水生产供应	建筑业	交通运输仓储邮政业	科研技术服务地勘	水利环境公共设施管理	卫生社保社会福利	文体娱乐业	公共管理社会组织	农林牧渔业
海南	55.44	0.75	15.78	0.18	13.37	1.38	2.34	9.87	0.89
内蒙古	62.80	0.67	13.73	0.35	15.69	0.61	0.75	3.35	2.05
四川	55.96	0.28	15.15	0.14	23.82	1.30	0.37	2.05	0.94
贵州	58.46	0.14	21.36	0.28	15.41	0.56	0.39	2.79	0.61
云南	61.08	0.04	13.57	0.18	19.03	0.91	0.47	3.26	1.47
西藏	55.60	2.67	19.74	0.06	7.79	0.60	0.40	11.22	1.91
陕西	54.51	0.56	11.13	0.79	20.28	0.88	0.46	10.20	1.20
甘肃	62.37	5.51	7.64	0.57	8.78	1.03	0.39	12.22	1.51
青海	61.12	0.79	16.85	0.35	13.23	0.57	1.24	4.34	1.50
宁夏	67.34	0.35	9.54	0.04	16.45	0.95	0.93	3.16	1.24
新疆	59.71	0.54	15.63	0.33	15.54	1.00	0.34	5.12	1.79

表 4-12　2009 年债务绿灯区各省建设性投资各行业比例估计

行业	电力燃气水生产供应	建筑业	交通运输仓储邮政业	科研技术服务地勘	水利环境公共设施管理	卫生社保社会福利	文体娱乐业	公共管理社会组织	农林牧渔业
北京	53.51	0.10	26.27	1.44	14.66	0.99	1.15	1.84	0.05
天津	55.34	0.40	12.24	0.37	27.82	0.37	0.34	2.55	0.58
河北	55.26	0.17	14.25	0.74	24.25	1.26	0.56	2.09	1.41
河南	57.48	0.19	7.84	0.43	25.21	1.69	1.23	3.20	2.72
福建	56.64	0.29	18.48	0.19	18.52	0.82	0.51	4.13	0.42
上海	55.86	0.10	21.85	0.33	20.26	0.40	0.71	0.47	0.03
江苏	55.21	0.70	11.92	0.88	26.45	0.86	0.95	2.78	0.24
浙江	56.33	0.21	15.94	0.35	23.10	1.09	0.78	1.95	0.24
广东	57.94	0.08	18.27	0.44	19.27	1.01	1.43	1.38	0.18
辽宁	57.40	0.98	10.06	1.08	22.84	1.11	1.04	4.62	0.87
山东	54.06	2.13	7.29	0.88	20.77	1.15	2.00	10.82	0.89

因此，综合上述研究，从行业分布上可以看出，城市基础设施相关行业是建设性债务分布的密集区，建设性债务规模不断增长的背后是近年来城市基础设施建设需求的扩张，地方政府的投资冲动受限于一定的财政收入，而基础设施建设项目普遍具有投资规模大、建设周期和收益回报周期长、收益回报率低的特点，除去开辟预算外收入来源，地方政府对外只能通过举借债务弥补项目建设资金缺口。

六、地方政府债务评价的其他研究

关于我国地方政府债务规模，审计署在 2011 年进行过审计调查，国务院发展研究中心、财政部和国家开发银行等机构开展过相关研究，得出一些估算结果。相关调查和研究结果如表 4-13 所示。

表 4–13　关于地方政府债务的其它代表性调查和研究

审计署	审计署在 2011 年 6 月 27 日发布的《全国地方政府性债务审计结果》显示，截至 2010 年年底，全国地方政府性债务余额 107174.91 亿元，其中：政府负有偿还责任的债务 67109.51 亿元，占 62.62%；政府负有担保责任的或有债务 23369.74 亿元，占 21.80%；政府可能承担一定救助责任的其他相关债务 16695.66 亿元，占 15.58%。审计署在 2013 年 6 月 10 日发布的《36 个地方政府本级政府性债务审计结果》显示，截至 2012 年年底，36 个地方政府本级政府性债务余额 38 475.81 亿元（政府负有偿还责任的债务 18 437.10 亿元、政府负有担保责任的债务 9079.02 亿元、其他相关债务 10959.69 亿元），比 2010 年增加 4409.81 亿元（其中 12 个地方政府本级减少 1417.42 亿元，24 个地方政府本级增加 5827.23 亿元），增长 12.94%。
国务院发展研究中心	国务院发展研究中心发布的《中国财政金融风险问题研究》一书显示，截至 2010 年年底，中央政府和地方政府最大口径下负债总额 23.76 万亿元，占 2010 年全年 GDP 比值 59%，接近国际公认的公共部门负债率的警戒线。2003 年，国务院发展研究中心对我国各级地方政府债务进行测算，估计债务至少在 1 万亿元以上。其中地方政府出面担保或提供变相担保的债务 2000 亿元，绕开预算法成立国有公司向银行贷款形成的债务 1000 亿元，拖欠工程款 1000 亿元。
财政部	2006 年，财政部科研所估算我国地方政府债务规模达 4 万亿元。财政部经济建设司的报告也显示，按照平均数推测，2004 年，全国地级及以上城市的负债总额为 10800-12000 亿元，如果按建设性债务占债务总规模的 60% 计算，建设性债务规模在 5480-7200 亿元之间。根据财政部科研所贾康的估计，2008 年我国地方债务总余额在 4 万亿元以上，约相当于 2008 年国内生产总值的 16.5%、财政收入的 80.2%、地方财政收入的 174.6%，其中直接债务超过 3 万亿元，约相当于国内生产总值的 12.9%、财政收入的 62.7%、地方财政收入的 136.4%。如果也按建设性债务占比 60% 计算，2008 年，我国地方政府建设性债务规模在 2.4 万亿元左右，与财政部 2004 年的数据相比，年均增长 36%，明显高于同期地方财政收入 24% 的年均增幅。
国家开发银行	2008 年，国家开发银行的地方政府背景贷款共计 1.3 万亿元。以地方政府背景贷款占全国的 40% 计，则全国地方政府贷款余额为 3.2 万亿元。再从企业债中的城投债来看，2008 年，企业债余额为 5000 亿元左右，如果以城投债占企业债 20% 计算，城投债余额为 1000 亿元。这样，2008 年，我国地方政府建设性债务余额合计约为 3.3 万亿元，负债率（债务余额与当年国内生产总值之比例）为 11%，债务率（债务余额与本级财政收入之比例）为 115%。
华泰证券	地方政府债务金额 2011 年为 13.2 万亿，2012 年达到 15.3 万亿，2013 年预计在 16.3 万亿。而在此基础上，得到地方政府债务余额占 GDP 比重 2010 年在 27% 左右，11 年为 28%，12、13 年占比大约是 29%。
花旗银行	2013 年花旗银行发布的一份最新报告指出，根据国家审计署公布的部分地区地方政府债务数字估算，2012 年地方政府总债务约在 12.1 万亿元，较 2010 年审计署公布的 10.7 万亿元增加约 1.4 万亿元。

七、总结

本文对2007—2009年地方政府债务现状进行了研究和评价，得到了以下几点结论：

（一）地方政府债务总规模。

通过估算得到2007年全国地方政府债务规模约为4.5万亿，2008年约为5.7万亿，2009年约为7.9万亿，呈逐年增长的趋势。从各省市来看，在刺激投资的经济政策指导下，政府债务规模也在逐年增长。采用时间序列中的一次指数平滑算法对全国各省市地方政府2010—2012年的债务规模进行预测，得到2010年地方政府债务金额约为10.9万亿，2011年约为13.4万亿，2012年达到15.8万亿，与审计署和华泰证券的估计基本吻合；

（二）地方政府债务风险主要在短期债务。

地方政府债务风险主要集中在财政收支风险和举债能力风险即债务的短期流动性风险上，地方债务的长期风险也在不断恶化。地方政府“投资冲动”带来的收支不平衡，导致地方财政“入不敷出”，未来引发财政系统风险的隐忧仍存。因此，要改善地方政府债务风险，应当先从控制财政收支风险入手，逐步实现从短期风险到长期风险的全面控制；

（三）地方政府债务安全等级呈现出明显的东中西部的地区性差异。

西部地区的地方政府负债风险尤为突出，防范与化解西部地方政府债务危机已是时不我待；

（四）从全国来看，县级政府负债所占的比例最高，达到51.16%，主要是由于我国财政体制、投融资体制不健全以及一些国家宏观经济政策共同导致，防范地方政府债务风险，应进一步控制县级政府的财政收支状况，防止收支缺口的进一步扩大，提高地方投融资效率，化解地方政府债务负担；

（五）面对城镇化新增的巨量公共投入，地方政府的可用财力增长能力却相对有限。

当前地方政府已经面临着巨大的财政收支缺口，如果一味强调快速推进城镇化，地方政府的财政收支缺口将进一步扩大。从偿债主体结构来看，风险集中于地方融资平台。从省、市、县地方债务的借债主体来看，地方融资平台举债规模最大，金额为12万亿元，是地方政府和机构债务规模的近2倍。

通过全文的分析不难看到，目前来看，地方政府债务存在着违约风险。借款的借用还各环节存在脱节，地方财政收支缺口大、债务逾期不还：拖欠工程款、融资平台呆坏账、很多债务形成三角债、多角债、链条债。我国经济处于高速增长阶段，基础设施建设给地方经济和政府收入创造了增长空间，有利于改善其偿债条件。从区域结构看，一些发达地区的经济和财政能力强，负债水平相对适度。有部分地方政府负债相对其经济和财力偏高，但只要采取措施控制新增债务，规范当地政府债务融资行为，风险也是可控的。但也要看到，部分地区和行业偿债能力弱，存在风险隐患，要严格控制新增债务。因此，有必要建立有效的地方债务风险控制机制，约束地方政府的借债行为，实现把债务控制在笼子里。

附录：地方政府建设性债务规模估算

地方政府的建设性投资的资金来源主要包括自有资金、上级政府拨款和借债。其中，借债主要包括银行贷款、发行债券两种形式，也有少量的借用外资。为了估计地方政府建设性投资规模，我们选取附表 4-1 所示的与政府较为相关的行业投资数据，并根据投资资金来源的构成计算每个二级行业的行业政府投资系数（DR）。行业选取的标准是，该行业的投资中，政府投资所占的比例较大，与政府建设性债务密切相关。如“电力燃气及水的生产与供应业”，属于市政基础服务行业，其投资份额中政府占有很大比例，一般由地方财政出资。

行业的政府投资系数：是指该二级行业的投资额中，可以划入政府建设性投资计算的比例，记为 DR，是一个估计值。每个行业的投资额乘以该值，再进行加总，得到地方政府的建设性投资规模的估计值。为了更好地计算 DR，我们还引入行业的政府相关度 R1，即按照行业的性质人为赋予某行业一个 0-1 的值，表示该行业的投资与政府的相关程度。在此基础上，我们计算某个二级行业的 DR 值，其公式为：

DR =【国家预算内资金 + R1*（0.8* 国内银行贷款 + 0.6* 债券 + 0.2* 利用外资 + 0.6* 自筹资金 + 0.4* 其他资金）】/ 总投资额

注：当 R1=1 时，DR=1

附表 4–1　符号注释

符号	含义
DR	行业政府投资系数，即该行业的投资额中，可以划为政府投资的比例，用于估算各个行业的政府投资额
R1	行业的政府相关度，即按照行业的性质人为赋予某行业一个 0-1 的值，表示该行业的投资与政府的相关程度，用于计算行业政府投资系数 DR

在上式中，分属不同投资来源的投资额被乘以不同值的系数，是为了在区分行业的基础上，再区分投资来源。如“国内银行贷款”与政府投资的关系较大，而“利用外资”中与政府相关的比例较小。此外，上式计算使用的数据是当年的全社会行业投资数据，不分地区。R1 的值是根据行业的性质赋予，带有一定的主观随机性，但不影响横向比较。

附表 4–2　各地区 2007–2009 年 GDP 数据（亿元）

地区	2007	2008	2009	地区	2007	2008	2009
全国	275624.6	314045.4	365303.7	河南	15012.46	18018.53	19480.46
北京	9353.32	11115	12153.03	湖北	9230.68	11328.89	12961.1
天津	5050.4	6719.01	7521.85	湖南	9200	11555	13059.69
河北	13709.5	16011.97	17235.48	广东	31084.4	36796.71	39482.56
山西	5733.35	7315.4	7358.31	广西	5955.65	7021	7759.16
内蒙古	6091.12	8496.2	9740.25	海南	1223.28	1503.06	1654.21
辽宁	11023.49	13668.58	15212.49	重庆	4122.51	5793.66	6530.01
吉林	5284.69	6426.1	7278.75	四川	10505.3	12601.23	14151.28
黑龙江	7065	8314.37	8587	贵州	2741.9	3561.56	3912.68
上海	12188.85	14069.86	15046.45	云南	4741.31	5692.12	6169.75
江苏	25741.15	30981.98	34457.3	西藏	342.19	394.85	441.36
浙江	18780.44	21462.69	22990.35	陕西	5465.79	7314.58	8169.8
安徽	7364.18	8851.66	10062.82	甘肃	2702.4	3166.82	3387.56
福建	9249.13	10823.01	12236.53	青海	783.61	1018.62	1081.27
江西	5500.25	6971.05	7655.18	宁夏	889.2	1203.92	1353.31
山东	25965.91	30933.28	33896.65	新疆	3523.16	4183.21	4277.05

附表 4-3　政府建设性债务涉及行业一览及其 R1 值

行业	R1	2007-DR	2008-DR	2009-DR
电力燃气及水的生产与供应业				
电热力的生产与供应业	1	1	1	1
燃气的生产与供应业	1	1	1	1
水的生产与供应业	1	1	1	1
建筑业				
房屋和土木工程建筑业	0.7	0.47	0.47	0.51
建筑安装业	0.2	0.15	0.13	0.15
建筑装饰业	0.2	0.12	0.13	0.17
其他建筑业	0.2	0.16	0.18	0.19
交通运输仓储和邮政业				
铁路运输业	0.7	0.58	0.57	0.56
道路运输业	1	1.00	1.00	1.00
城市公共交通业	1	1.00	1.00	1.00
水上运输业	0.4	0.28	0.29	0.28
航空运输业	0.4	0.32	0.34	0.36
管道运输业	0.3	0.30	0.30	0.27
装卸搬运和其他运输服务业	0	0.01	0.01	0.01
仓储业	0	0.06	0.06	0.08
邮政业	0.4	0.27	0.27	0.28
科研技术服务和地质勘查业				
研究试验发展	0.9	0.62	0.61	0.63
专业技术服务业	0.8	0.52	0.54	0.54
科技交流和推广服务业	0.6	0.41	0.41	0.39
地质勘查业	0.5	0.32	0.31	0.32
教育				
教育	1	1	1	1
卫生社会保障和社会福利业				
卫生	0.8	0.54	0.54	0.58

续表

行业	R1	2007-DR	2008-DR	2009-DR
社会保障业	1	1	1	1
社会福利业	0.8	0.55	0.56	0.59
文化体育和娱乐业				
新闻出版业	0.4	0.29	0.25	0.26
广播电视电影和音像业	0.3	0.22	0.24	0.25
文化艺术业	0.6	0.52	0.50	0.49
体育	0.8	0.59	0.60	0.57
娱乐业	0.3	0.20	0.19	0.20
公共管理和社会组织				
中国共产党机关	1	1	1	1
国家机构	1	1	1	1
人民政协和民主党派	1	1	1	1
群众团体、社会团体、宗教组织	1	1	1	1
基层群众自治组织	1	1	1	1
农、林、牧、渔业				
农业	0.3	0.30	0.28	0.27
林业	0.3	0.41	0.40	0.42
畜牧业	0.3	0.21	0.20	0.21
渔业	0.3	0.18	0.19	0.19
农、林、牧、渔服务业	0.3	0.38	0.37	0.42
水利环境和公共设施管理业				
水利管理业	1	1	1	1
环境管理业	1	1	1	1
公共设施管理业	1	1	1	1

根据上述方法计算出每个行业的行业政府投资系数（DR）之后，就可以根据行业固定资产投资数据来估算地方政府在相应年份的建设性投资规模。如下式所示，Ii 是指行业 i 的投资总额。需要说明的是，由于该估计方法只考虑

城镇部分行业的投资，因此得到的对于政府建设性投资规模的估计是相对保守的，应该低于实际数额。

$$\text{投资总} \mid \mathrm{DI} = \sum_{i=1}^{n} DRi \mid Ii$$

第五章 对地方政府债务融资可持续性的再认识

本报告在对安徽省合肥市政府债务融资、特别是其投融资平台公司债务融资基本情况深入调查研究的基础上，进一步明确了地方政府债务融资所涉及到的两类基本问题，一类是地方财政本身代表地方政府所直接进行的债务融资，另一类是地方政府所成立的公共投融资公司以法人身份独立进行的债务融资行为。报告认为，一方面，地方财政和平台公司是两类不同性质、各自独立的法人主体，其债权债务关系应当严格加以区别，不能相互混淆；但是，另一方面，由于地方政府事实存在的预算软约束，使得地方财政和平台公司在具体运行中一直存在“风险敞口”，因而，平台公司的债务融资事实上则成为了事关地方政府债务融资可持续性的关键因素。在强化制度约束的同时，必须借助于相应的模型方法，对地方政府债务融资的可持续性规模进行前瞻性规划。近年来，地方政府也加大了在此方面的探索。同时必须指出的是，只有全面深刻了解地方政府债务投融资过程，才能真正理解我国地方经济运行；对地方政府债务融资问题，必须坚持辩证的观点。

深入研究地方政府债务融资及投资过程，实质就是深刻了解我国地方经济客观真实的运转过程。相反，如果不了解地方政府的投融资过程，我们就无法真正了解地方经济运行，也无从理解地方政府的经济行为。很多一厢情愿的宏观经济政策也因为缺乏微观层面的正向回馈而最终难以落实，政策效果大打折扣。

探究“地方政府债务融资可持续性”问题，至少应当清晰把握以下几个层面，才能客观准确地理解当前及今后一段时期我国的地方政府债务问题：一是如何界定地方政府债务的概念；二是如何看待地方政府债务融资与地方政府财政之间的关联性；三是如何认识地方政府债务融资的项目风险与系统性风险；四是如何通过建立相应的模型方法对地方政府债务融资的规模实施必要的控制，从而使地方政府债务融资保持长期可持续性。

一、地方政府债务的概念：债务主体、融资方式与主要投向

在目前我国学术环境和政府治理实践中，地方政府债务并非是一个科学严谨、成熟定型的概念，尤其是在概念的内涵和外延方面尚未达到比较一致的看法。正是由于对这一概念存在不同认识，从而导致了管理层，尤其是中央政府在如何判断地方政府债务规模以及与之相关联的债务风险问题，以及在如何对待地方政府的举债行为等方面，始终面临着进退维谷的两难选择。

（一）债务主体：存在是否包含公共企业债务的外延性区别

在中央政府对省市县等地方各级政府所开展的历次审查过程中，由于存在是否包含地方融资平台债务等政府性债务、是否包含经营性项目平台债务的重要区别，因而每次审查在外延范围、举债项目与债务性质的认定，以及最终的政府债务规模等方面都一直存在重大差异，很难得出比较公认的客观判断，究其原因主要在于对政府债务主体性质缺乏科学的认知。

1. 地方政府债务：地方政府及其组成部门作为举债主体直接进行的债务融资行为，其实质是地方财政直接的显性债务。

地方政府债务，从规范意义上讲，主要是指地方政府及其政府部门作为独立的法人主体，在金融市场上所实施的直接的举债行为而获得的债务融资规模。

其中，这里的地方政府，在我国主要是指省及省以下各级地方政府，目前包括省、市、县、乡镇四级。

由于财政是政府经济功能的支柱和最终归着点，所以，地方政府债务的实质直接就是地方财政的债务，而且由于它是地方政府直接的举债行为所形成，因而这种债务也是地方财政的显性债务，具有按期清偿义务。

2. 地方政府性债务：政府出资设立的国有投融资企业作为举债主体进行的相关债务融资行为，其实质是公共企业债务，与地方财政间接相关。

地方政府性债务，是指由地方政府出资设立的具有投融资功能的公共

表 5-1　地方政府债务融资的主体及融资方式

类型	债务主体		融资方式		投资项目
地方政府债务	地方政府及其政府部门（地方财政或地方预算）		直接融资	中央代发债券、地方政府债券	公益性项目，或者主要是公益性项目
			间接融资	金融机构贷款	
地方政府性债务	政府出资设立的国有投融资企业	国有全资公司	直接融资	公共企业债券	公益性项目，经营性项目
		国有控股公司	间接融资	公共企业贷款	

法人企业（投融资平台公司）所独立实施的市场举债行为而获得的债务融资规模。

地方政府出资设立投融资平台公司，一般通过各级国有资产管理部门来代表本级政府行使所有者身份（或者由本级政府直接代表行使所有者身份），并通过该投融资平台公司全资设立子公司，或者设立控股子公司，或者参股其他公司。

在业务领域方面，从课题组在安徽省合肥市所进行的实地调研情况看，地方政府投融资平台公司基本职责主要包括，承担城市基础设施、基础产业、能源、交通及市政公用事业项目投融资、建设、运营及管理；国有资产经营管理和资本运作；参与土地规划和运营、房地产开发与销售；风险投资、金融担保、科技企业孵化器建设与投资；开发区建设；环境治理和保护；城镇建设，土地管理和开发利用，矿山整治、造地、置换和开发复垦以及旅游等其他基础设施开发建设等等，涉及众多公益性领域和经营性领域（参见表 5-2）。

因此，从以上几个方面可以看出，“地方政府性债务”，在直接意义上属于公共企业债务，并不简单等同于“地方政府债务”，两者在债务主体方面属于不同法人主体的不同举债行为。

（二）债务融资方式：债券融资与贷款

无论是地方政府债务还是具有政府背景的地方公共企业债务，在具体债务融资方式方面，一般可区分为以债券融资为主要代表的直接融资方式和以银行贷款为主要代表的间接融资方式。

1. 直接融资方式。地方政府债务的直接融资方式主要包括地方政府直接

表 5–2　安徽省合肥市部分政府融资平台基本情况

企业名称	所有者级别	所有者主体	成立年份	企业性质	注册资本（亿元）	资产总额（亿元）	主要业务领域	授权经营的企业或国有资产
合肥市建设投资控股（集团）有限公司	合肥市级	合肥市国有资产管理委员会	2006.5	国有独资	96.03	1068.73	主要承担城市基础设施、基础产业、能源、交通及市政公用事业项目投资、融资、建设、运营、管理任务；从事授权范围内国有资产经营管理和资本运作，实施项目投资管理、资产收益管理、产权监督管理、资产重组和运营；参与土地规划、储备、整理、熟化工作；整合城市资源，实现政府资源资本化，政府收益最大化；对全资、控股、参股企业行使出资者权力	合肥城建投资控股有限公司及已经国资委授权经营的国有资产；合肥市建设投资公司及所属企业单位和参控股企业权益性资产；合肥市交通投资控股有限公司及已经国资委授权经营的国有资产；经市国资委批准授权经营的其他企业或国有资产。集团公司现有全资及参控股企业 28 家，所涉及的经营范围包括：城市供水、供气、供热、公共交通、公路客运、公路货运及集装箱联运、电力、房地产开发、公路桥梁施工、监理、设计等相关产业

续表

企业名称	所有者级别	所有者主体	成立年份	企业性质	注册资本（亿元）	资产总额（亿元）	主要业务领域	授权经营的企业或国有资产
巢湖城市建设投资有限公司	合肥市级	合肥市国有资产管理委员会	2000.8（原地级巢湖市政府直属）	国有独资(2011 年巢湖行政区划调整后作为独立法人划归合肥市国资委管理)	5.01	533.95	主要承担环巢湖生态示范区建设	下辖全资、控股企业主要有巢湖华宇置业有限公司、安徽省巢湖旅游开发总公司和合肥鑫晟光电科技有限公司（京东方 8.5 代线项目公司），参股企业主要有巢湖水业集团有限公司、巢湖市公共交通有限公司、安徽长江产权交易所有限公司、国元农业保险股份有限公司、巢湖农村商业银行
合肥高新建设投资集团	高新区级	高新区管委会	2009	管委会直属国有企业	40. 1	251.74	主营业务涉及基础设施建设、房地产开发与销售、风险投资、金融担保、科技企业孵化器建设与投资等领域。目前承担着园区内土地开发、道路等基础设施和水、电、气、绿化等配套设施的开发建设任务，同时作为管委会的投融资主体，承担着高新区财政性资金支持的市政基础设施、配套设施和市政公用事业项目的投融资及运营管理任务，并按照管委会的部署进行对外投资和管理	下辖高新股份、高新担保、高新公交、高新城创、高创公司在内的 23 家全资、控股、参股公司

续表

企业名称	所有者级别	所有者主体	成立年份	企业性质	注册资本（亿元）	资产总额（亿元）	主要业务领域	授权经营的企业或国有资产
合肥海恒投资控股集团公司	经济技术开发区级	合肥经济技术开发区国资委	1993. 11	国有独资	8.8	252.82	主要经营业务涉及基础设施建设、房地产开发、住宅产业化、社区建设、物业管理、酒店业、金融业、会展服务、旅游产业、物流产业、环保产业、能源供应等多个领域。成为开发区的投融资平台、资产运营平台和产业培育平台	下属海恒股份公司、公用事业公司、公交运营公司、翡翠湖迎宾馆、恒通铁路公司、金源热电公司等三十余家全资、控股及参股公司
巢湖市城镇建设投资有限公司	巢湖市政府直属	巢湖市政府	2008. 6	市政府直属大型国有企业	10	109	主要从事组织实施城镇建设，土地管理和开发利用，矿山整治、造地、置换和开发复垦以及旅游等其他基础设施开发建设，受政府委托管理、监督政府性城镇建设项目资金，为城镇建设筹集资金，房地产开发与销售；公司作为巢湖市城镇基础设施的投融资主体，具有融资、投资、资产运营等职能	下设巢湖市润农粮食购销有限公司、巢湖市现代农业示范园投资有限公司、巢湖市土地复垦有限公司、巢湖市广厦置业担保有限公司等4个子公司

发行的政府债券，同时也包括中央政府代地方政府发行、由地方政府还本付息的中央代发债券；地方政府性债券的直接融资方式，主要包括地方政府投融资平台所发行的公司债券。

在课题组所调查的合肥市建设投资控股（集团）有限公司（简称“合肥建投集团”）、巢湖城市建设投资有限公司（简称“巢湖城投公司”）、合肥高新建设投资集团公司（简称“合肥高新集团”）、合肥海恒投资控股集团公司（简称“合肥海恒集团”）、巢湖市城镇建设投资有限公司（简称“巢湖城建公司”）等 5 家地方融资平台公司中，自 2006 年起，部分公司就已经开始了利用发行公司债券的方式向市场进行直接融资。合肥建投集团自 2006 年发行第一期规模为 10 亿元、期限为 10 年的公司债券以来，截至 2013 年年底累计已发行 4 期、规模总计为 92 亿元的公司债券；巢湖城投公司自 2010 年以来累计已发行 2 期、规模总计为 29 亿元的公司债券，为环巢湖生态示范区项目建设和巢湖市城市基础设施建设筹集建设资金。这些都属于地方政府性债券的直接融资方式。

2. 间接融资方式。地方政府债务的间接融资方式主要指地方政府向国内金融机构或国际金融组织所进行的各种贷款；而地方性政府债务的间接融资方式则主要指地方政府投融资平台公司所进行的各种贷款行为。

地方政府投融资平台公司的债务规模往往是银行贷款等间接融资和公司债券等直接融资的各种组合。以合肥海恒投资控股集团公司 2013 年 6 月的公司债务规模为例，在海恒集团总计 71.09 亿元的债务余额中，银行贷款 31.09 亿元，占债务余额的 43.73%；公司债券 22 亿元，占债务余额的 30.95%；中期票据 18 亿元，占债务余额的 25.32%（参见表 5-4）。

表 5–3　安徽省合肥市部分政府融资平台债券融资情况

企业名称	债券名称	发债主体	发债时间	发行金额（亿元）	债券期限（年）	票面利率	担保单位	还本付息方式	主体信用评级	债项信用等级	融资投向
合肥市建设投资控股（集团）有限公司	2006 年企业债	集团子公司：合肥城建投资控股有限公司	2006	10	10	4.32%	中国农业银行安徽省分行		AA+		
	2008 年企业债	合肥市建设投资控股（集团）有限公司	2008	17	10	浮动利率（1 年期基准利率浮动加固定利差 2.2%）	应收账款质押		AA+		
	2009 年企业债	合肥市建设投资控股（集团）有限公司	2009	20	5	5. 04%	应收账款质押		AA+		
	2013 年企业债	合肥市建设投资控股（集团）有限公司	2013	45	10	6. 5%—7%					
巢湖城市建设投资有限公司	10 巢湖债	巢湖城市建设投资有限公司	2010	12	7	6.80%	应收账款质押	分期付息一次还本	AA-	AA	
	13 巢湖债	巢湖城市建设投资有限公司	2013	17	7		土地抵押增信		AA	AA+	环巢湖生态示范区项目建设和巢湖市城市基础设施建设

续表

企业名称	债券名称	发债主体	发债时间	发行金额（亿元）	债券期限（年）	票面利率	担保单位	还本付息方式	主体信用评级	债项信用等级	融资投向
合肥高新建设投资集团公司	10合肥高新债	合肥高新建设投资集团公司	2010	15	10	6.90%					全部用于合肥国家科技创新型试点市示范区（习友路北片）基础设施项目建设
	12合肥高新债		2012	12	7	7.98%					用于南岗科技园一期基础设施建设以及补充营运资金
合肥海恒投资控股集团公司	09合海恒债	合肥海恒投资控股集团公司	2009	10	7	5.80%	中国投资担保有限公司提供全额无条件连带责任保证担保		AA	AA+	合肥经济技术开发区基础设施及配套建设项目
	12合海恒债		2012	12	7	7.30%	以公司房产及土地抵押担保		AA+	AA+	合肥经济技术开发区南部工业园基础设施配套项目及临湖社区二期项目
巢湖市城镇建设投资有限公司	12市政项目建设债券	巢湖市城镇建设投资有限公司	2012	12	7	7.00%		每年付息一次，设有本金提前偿还条款，自债券存续期第3至7年末每年按照债券发行总额的20%偿还债券本金			

表 5-4　截至 2013 年 6 月合肥海恒集团债务规模与结构

债务余额（亿元）	银行贷款		企业债券		中期票据	
	规模（亿元）	占比（%）	规模（亿元）	占比（%）	规模（亿元）	占比（%）
71.09	31.09	43.73	22.00	30.95	18.00	25.32

（三）投资项目性质：公益性与营利性

从债务融资的投资项目属性看，地方政府债务融资的投向因举债主体的性质不同而有所不同，地方政府本身直接举借的债务，一般主要用于公益性项目，或者用于为中央政府所批准的项目进行配套；而地方政府通过融资平台所举借的债务一般更多用于具有一定营利性的准公益性或者经营性项目，或者公益性项目与经营性项目的混合和搭配。

1. 公益性项目。这类项目以大型市政基础设施、大气水环境治理、城市公共设施、公用事业等投资项目为主，既是地方政府及其相关部门直接进行债务融资的基本原因，也是地方政府融资平台借以发展壮大的基础；既是当代中国城镇化加速发展阶段的必然趋势，也是当代中国经济社会发展之本身，具有客观性。

2. 经营性项目。这类项目主要以房地产开发与销售、住宅产业化、社区建设、物业管理、酒店业、金融业、会展服务、旅游产业、物流产业、环保产业、能源供应、风险投资、金融担保、科技企业孵化器建设与投资等竞争性、半竞争性项目和领域为代表，是地方政府融资平台得以生存和发展并不断壮大的基本业态，是地方性政府融资平台以营利性项目补贴公益性项目并最终使其债务链得以延续的基本环节，也是地方性政府债务还本付息的重要来源。

以合肥市的部分政府融资平台为例，合肥建投集团的经营性领域和经营性项目主要包括：基础产业、能源、交通项目的投资、融资、建设、运营、管理；国有资产经营管理和资本运作，包括实施项目的投资管理、资产收益管理、产权监督管理、资产重组和运营；土地规划、储备、整理、熟化等土地开发；整合城市资源，实现政府资源资本化和收益最大化；对全资、控股、参股企业行使出资者权力等。合肥海恒集团的主要经营性项目主要涉及基础设施建设、房地产开发、住宅产业化、社区建设、物业管理、酒店业、金融业、会展服务、旅游产业、物流产业、环保产业、能源供应等多个领域，是合肥经济技术开发区的投融资平台、资产运营平台和产业培育平台，旗下拥有海恒股份公司、公用事业公司、公交运营公司、翡翠湖迎宾馆、恒通铁路公司、金源热电公司等30余家全资、控股以及参股公司，是典型的融公益性和经营性项目于一体的综合性平台公司。

二、与地方财政之间的关联：公共企业与“风险敞口”

地方政府债务融资问题争论的焦点，关键在于如何认识地方政府的融资平台，对于其独立的公共法人企业的性质和地位是否给予足够认可，对于其以独立的法人身份所获得的金融机构贷款和向社会公开发行的公司债券是否应当纳入政府债务范围，以及如何促使这些平台公司依法向社会公开相关信息，等等。人们之所以在以上问题上存在模糊认识，以至于在管理层面尚难以形成前后一致、相对稳定的管理政策，关键在于对融资平台与地方财政之间的关系缺乏科学认识。

（一）平台债务对地方财政的影响途径：“风险敞口”

1. 从地方财政到平台公司：平台公司是地方政府成立的具有法人独立性的公共投融资企业

从地方政府所成立的功能日益多样化、经营范围和经营项目日益多元化的各色平台公司的基本构成看，财政拨款、国有资产划拨、土地房屋等国有资源资产注入等，都是这些平台公司得以注册成立的最为原始的资本来源，从终极所有者的角度，地方财政是这些平台公司的全资出资方和终极所有者。

但是，尽管如此，在具体运行层面，我们并不能将地方融资平台公司直接等同于地方财政本身，或者将地方融资平台公司作为地方政府的“第二财政”，两者是不同的法律主体。因为按照《公司法》等相关法律规定，平台公司是完全独立的法人经济组织，以其注册资本为限依法享受相应的经济权能、承担相应的经济义务，具有完全独立于任何其他个人和任何其他经济组织的民事行为能力和民事责任能力。因此，尽管地方财政代表地方政府依法成立了相应的平台公司，但是，只要这样的平台公司一经成立，那么它在法律意义上就是完全独立的法律主体，作为法人经济组织中的某一个体，它完全独立于任何其它组织，与地方财政本身不能相互混淆。

2. 从平台公司到地方财政：终极意义上的风险传递

一方面，从公司法角度看，除了从终极意义上的地方财政对各级各类平台公司拥有的最终所有权以外，地方财政和各级各类平台公司在具体运营层面应当是相互独立的权利义务主体，除依据法律法规等相关规定对平台公司的税后收益等，地方财政依据其所有者代表身份有权参与分配外，对平台公司依独立的法人主体身份所形成的债权债务关系，在最终清算前，地方财政是不负有清偿责任的。而在终极意义上，平台公司所形成的所有债权债务关系，又无不都是需要归结为地方财政的法律责任。这一点，与任何一家普通的国有企业，或者任何一家普通的公共企业具有完全的相似性。

另一方面，从平台公司的实际运营看，地方财政与平台公司之间无时无刻不存在着千丝万缕的联系。除作为一般性企业所涉及到的政府与企业之间税收征纳之间的关系外，平台公司的经营性收入或者收费收入，有时也会进入政府的非税收入范围；政府国有资本的投资收益，有时也会作为补充平台公司的资金来源；平台公司的投资损失、债券或者贷款等债务不能按时还本付息时的风险责任，在一定时期会向地方财政传递，从而引起新一轮的从地方财政到平台公司的资金划拨或者资产资源注入等有利于改善平台公司财务状况的增信行为。所以，从公司运行层面看，平台公司投融资风险从平台公司到地方财政的传递，不仅存在于终极所有权层面，而且确实也存在于企业实际运行层面。但是，总体看，这种风险在规模上应当以平台公司的注册资本数额为限，而不应当超过此注册限额。

3. 现实中的“风险敞口”：预算软约束

这种债务风险在公司运营过程中从平台公司到地方财政之间的传递过程，我们将它定义为“风险敞口”。

这里的“风险敞口”并非是指从终极所有权意义上地方财政对公共企业债权债务关系所承担的最终的“兜底”责任，而重点强调的是平台公司在经营过程中将自身的经营风险向地方政府转嫁的过程。

平台公司在经营过程中对地方财政形成“风险敞口”的基本原因在于地方财政的预算软约束机制。预算软约束破坏了平台公司的独立法人经济地位，打破了地方财政和平台公司之间相互独立的权利义务关系，使地方财政事实上在投融资平台公司的日常债务关系中实质上处于担保人或者抵押人的地位。

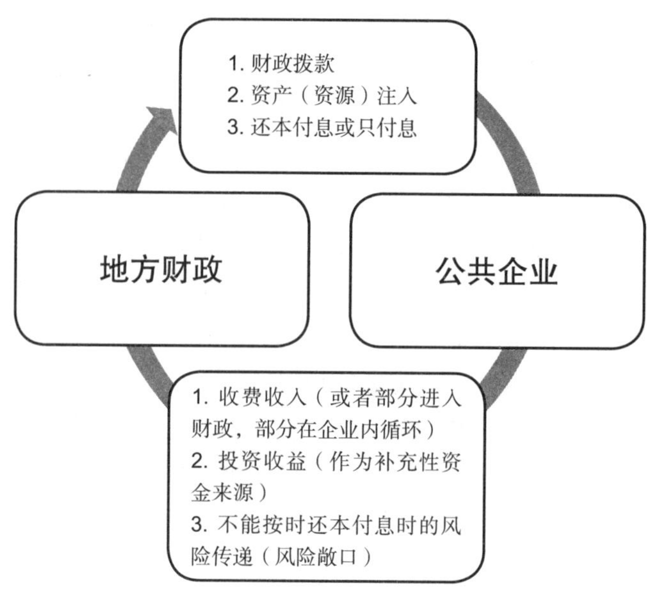

图 5-1　地方政府平台公司与地方财政之间的关联关系

（二）合肥市部分融资平台与政府财政之间的关系

从合肥建投集团应对企业债券所进行的偿债资金来源安排来看，平台公司与地方财政在公司运营中始终是结合在一起的。

在合肥建投集团 2012 年的偿债资金来源中，直接来自合肥市财政的拨款资金总计为 129.41 亿元。其中，来自财政预算内拨款 63.35 亿元，来自财政超收收入以及历年的结余资金合计 14.7 亿元，来自于土地财政的资金拨款 30 亿元，来自于其他财政拨款为 21.16 亿元。

在其 2012 年的偿债资金来源中，也有一部分则是来源于国有资本的投资收益所得，总额为 40.08 亿元。这些国有资本投资收益分别来自于对京东方公司、合肥百货、丰乐种业等相关企业的投资收益。

表 5–5　2012 年合肥市建设投资控股（集团）有限公司的偿债资金来源

财政拨付					对外持股			
总额	预算内资金	超收财力及历年节余安排	土地出让金	其他财政拨付	总市值	京东方公司	合肥百货	丰乐种业
129.41	63.35	14.9	30	21.16	40.08	17.03	12.06	10.99

三、风险与系统性风险："可持续性"命题的真正含义

普通风险或者项目风险并不等同于系统性风险，影响地方政府债务融资可持续性的风险一般来源于系统性风险，而并非是一般的普通风险。地方政府投融资平台公司作为单个公司主体，往往更多地遇到的是具体的项目风险，并根据项目风险的不同程度针对项目的不同性质而做出差别化的避险措施。公共政策的关键在于甄别和规避系统性风险，努力保持地方政府债务融资可持续性。

（一）平台公司风险处置机制

当地方政府投融资平台公司的某个投融资项目存在不能按期还本付息的可能性时，人们往往称之为该项目存在项目风险。

当平台公司面临项目风险时，一般会根据项目的性质采取具有针对性的避险措施，在财务支出方面会做出相应调整。比如，在多个投融资项目中，平台公司往往首先会考虑减少公益性项目支出，而设法维持经营性项目支出；或者拿减少公益性项目支出作为筹码，来向地方政府谈判和游说，从而争取有利条件。

面对平台公司的谈判和游说，地方财政最终往往会以增加注资、划拨土地等资产资源以为公司进一步增信、协助改变信贷条件等多种方式，最终化解和消除平台公司的项目风险。

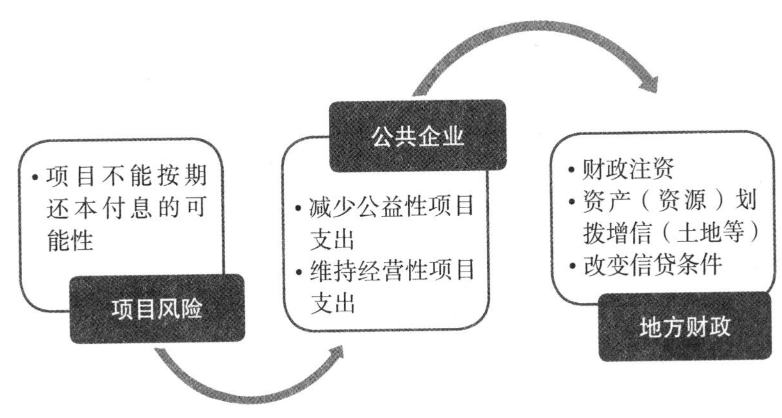

图 5-2　项目潜在风险在平台公司与地方财政之间的传递流程

（二）系统性风险的可能性

由于每一个平台公司同时拥有多个投融资项目，每一级政府下面又同时拥有多个投融资平台公司，所以，对于同一个政府来说，所有投融资平台公司的所有投融资项目同时发生项目风险的概率应当说非常小，也就是说，对于某个政府来说，除非在比较极端的情况下，发生债务危机的系统性风险客观讲非常小。

在我国拥有 31 个省政府、300 多个地市政府、2000 多个县政府的政府层级和政府规模情况下，即便剔除所有各类开发区的投融资平台公司，省市县级的所有政府投融资平台公司的所有投融资项目同时发生项目风险的可能性应当说是极端罕见的小概率事件，也就是说，全国性地方政府债务融资的系统性风险理论上不是不具有可能性，而是这种单纯因为项目风险的缘故而引发的债务融资之不可持续的可能性本身非常微小。

（三）合肥市部分融资平台的债务风险控制机制

截至目前，全国很多政府性投融资平台公司都已经建立起了相应的债务风险控制机制。以合肥市为例，合肥市的绝大多数平台公司都基本应用相关债务风险控制模型，来努力使自身的债务融资保持一定的可持续性。

利用相关模型，合肥建投集团对 2014—2015 年的新增债务需求和总体控制规模进行了相应测算。数据显示，2014—2015 年，该集团年度新增债务需求分别为 202.19 亿元和 186.33 亿元，当年末相应债务余额分别为 557.36 亿元和 682.25 亿元。

根据合肥市政府债务风险控制模型，债务控制规模为当年可用于城市基础设施财政资金投入的 7.35 倍。保守预计，未来两年建投集团获得市级财政安排的城市建设资金不再增长，维持 2012 年的 129.41 亿元水平，则 2014 年和 2015 年的债务风险控制规模均为 951.16 亿元，预计届时实际债务余额会远低于这一控制规模，相关债务融资具备长期可持续性（参见表 5-6）。

表 5-6　合肥市建设投资控股（集团）有限公司债务风险控制规模

年度	新增债务需求	年末债务余额	债务风险控制模型		
			当年可用于城市基础设施建设的财政资金	债务杠杆倍数	风险规模
2014	202.19	557.36	129.41	7.35	951.16
2015	186.33	682.25	129.41	7.35	951.16

四、地方政府债务融资可持续性：模型方法

本部分所构建的地方政府债务融资可持续性理论模型基于“财政当期平衡”原则，同时考虑了债务期限结构对可持续性债务融资规模的影响。

假设地方政府的“机动财力”可以全部用于向资本性投资进行拨款，从而也可以用于为债务融资进行还本付息。通过比较地方政府当期的“机动财力”与债务融资应还本付息额就可以确定地方政府债务融资是否处于可持续性规模状态，进而可以预测地方政府当期可持续性债务融资规模。

如果当期“机动财力”大于债务融资当期应还本付息额，对应的债务融资余额就是可持续的，地方政府还可以举借新债；如果当期“机动财力”小于债务融资当期应还本付息额，对应的债务融资余额就是不可持续的，地方政府不能举借新债；如果当期“机动财力”等于债务融资当期应还本付息额，即处于临界点，对应的债务融资余额则为可持续性债务融资的最大规模，地方政府也不能再进行债务融资。

（一）基本假设

1. 地方政府债务融资期限结构取决于平均偿债年限①，同时在债务期限内平均分摊偿还。即如果第 i 年借债 X_i，在债务期限 m 年内，平均每年偿还本金 X_i/m。

2. 地方政府严格履行合同，按时足额还本付息，不存在债务逾期和违约。

① 注：平均偿债年限计算公式：$m=\frac{\sum_{y=1}^{n} y\times F_y}{\sum_{y=1}^{n} F_y}$，其中，m表示平均偿债年限，y为偿债年限，$F_y$为偿债年限为y时到期应换债务额。

3. 地方政府的“机动财力”为当年债务融资还本付息的最大额，不能将“刚性支出”资金用于债务还本付息。

4. 在确定地方政府基期债务融资余额的期限结构时，视同于基期新增债务期限结构的确定。

此处将地方政府债务融资的可持续性定义为：

在满足上述4个假设前提下，如果地方政府第i年的债务余额为M_i，当年的债务应还本付息额均小于“机动财力”，那么，地方政府第i年的债务融资是可持续的；否则债务融资是不可持续的。

地方政府债务融资可持续性最大规模定义为：

依据对地方政府债务融资可持续性的定义，第i年的应还本付息额与机动财力相等，即出现债务融资可持续性的临界点，所对应的第i年的债务融资余额M_i为当年可持续性债务融资的最大规模；小于这个债务融资余额的债务融资规模均应视为是适度的。

（二）模型构建过程

用M_0表示基期末债务融资余额总量，M_i表示第i年末债务融资余额总量，X_i表示第i年新的债务融资，B_i表示第i年应还的债务融资本金，C_i表示第i年应付的债务利息，J_i表示第i年的机动财力，而第i年新的债务融资至第j年应到期的债务额用$F_i^{\,j}$表示，其中，i，j=1，2，3，…，m，j > i。

第一步，判断第i年是否可以进行新的债务融资。

第i年的机动财力与当年债务融资还本付息间的差额表示为：

$$D_i = J_i - (B_i + C_i) \quad \cdots\cdots\cdots\cdots\cdots\cdots\cdots\cdots (1)$$

若$D_i \leqslant 0$，则第i年不能进行债务融资，即$X_i = 0$；若$D_i > 0$，则第i年可以进行债务融资，即$X_i > 0$。

第二步，第i年债务融资到期额B_i的确定。

设新增债务融资在未来m年内还清，在假设1条件下该新增债务融资期限结构分布系数为$\alpha_j = \frac{1}{m}$，j=1，2，3，…，m。第i年所举借的新债至第j年应到期的债务额$F_i^{\,j} = \alpha_j X_i = \frac{X_i}{m}$。各年债务融资到期额表示为：

$$
\begin{cases}
B_1 = F_0^{\ 1} = \dfrac{1}{m} M_0 \\
B_2 = F_0^{\ 2} + F_1^{\ 2} = \dfrac{1}{m}(M_0 + X_1) \\
\cdots\cdots\cdots\cdots \\
B_m = \sum\limits_{i=1}^{m-1} F_i^m = \dfrac{1}{m}(M_0 + X_1 + X_2 + \cdots + X_{m-1})
\end{cases}
\quad \cdots\cdots\cdots\cdots\cdots\cdots\cdots\cdots\cdots (2)
$$

第三步，第 i 年应付债务融资利息额 C_i 的确定。

设平均债务融资利息率为 $\bar{r}$，第 i 年应付利息额为第 i-1 年债务融资余额乘以平均债务利息率，即 $C_i = M_{i-1} \times \bar{r}$。而第 i-1 年债务融资余额等于第 i-2 年债务融资余额加上新的融资债务，同时减去换掉的当年债务融资到期额，即 $M_{i-1} = M_{i-2} + X_{i-2} - B_{i-2}$。各年应付债务融资利息额分别为：

$$
\begin{cases}
C_1 = M_0 \bar{r} \\
C_2 = M_1 r = (M_0 + X_1 - B_1) r = ((1 - \dfrac{1}{m}) M_0 + X_1) r \\
\cdots\cdots\cdots\cdots \\
C_m = M_{m-1} \bar{r} = (M_{m-2} + X_{m-1} - B_{m-1}) \bar{r} \\
\quad = ((1 - \dfrac{m-1}{m}) M_0 + (1 - \dfrac{m-2}{m}) X_1 + \cdots + X_{m-1}) \bar{r}
\end{cases}
\quad \cdots\cdots\cdots\cdots\cdots\cdots (3)
$$

第四步，第 i 年最大新增债务融资额 X_i^{max} 的确定。

由于各年“机动财力”等于还本付息额时将确定债务融资可持续性的临界点，即由 $B_i + C_i = J_i$，可以确定各年的最大新增债务融资额 X_i^{max}，i=1，2，3，…，m。

$$
\begin{cases}
M_0\bar{r}+\dfrac{1}{m}M_0=J_1 \\
((1-\dfrac{1}{m})M_0+X_1)\bar{r}+\dfrac{1}{m}(M_0+X_1)=J_2 \\
\cdots\cdots\cdots\cdots \\
((1-\dfrac{m-1}{m})M_0+(1-\dfrac{m-2}{m})X_1+\cdots+X_{m-1})\bar{r} \\
+\dfrac{1}{m}(M_0+X_1+X_2+\cdots+X_{m-1})=J_m
\end{cases}
\qquad\cdots\cdots(4)
$$

解上述方程式得：

$$
X_i^{\max}=\frac{m}{1+m\bar{r}}J_2-\frac{M_0(1+(m+1)\bar{r})}{1+m\bar{r}} \qquad\cdots\cdots(5)
$$

J_2 表示下一年的机动财力。由此可见，当年所确定的可持续性新增债务融资最大额取决于下一年机动财力大小，同时也会受到债务融资偿还期限、平均债务利率、基期债务融资余额的影响。

第五步，第 i 年可持续性债务融资最大规模 $M_i^{\max}$ 的确定。

在当年可持续性新增债务融资最大额的基础上，得到当年可持续性债务融资最大规模为：

$$
M_1^{\max}=M_0+X_1^{\max}-B_1=(1-\frac{1}{m})M_0+\frac{m}{1+m\bar{r}}J_2-\frac{M_0(1+(m+1)\bar{r})}{1+m\bar{r}} \quad\cdots\cdots(6)
$$

同样，当年可持续性债务融资最大规模取决于下一年机动财力大小，同时也会受到债务融资偿还期限、平均债务利率、基期债务融资余额的影响。

（三）基本结论

可持续性债务融资规模与相关变量的基本关系是：

1. 机动财力与可持续性债务融资规模两者之间存在正相关关系。下一年地方财政可用的机动财力越大，那么，以它为拨备所进行的可持续性债务融资规模就越大；反之就越小。

2. 债务融资偿还期限与可持续性债务融资规模两者之间存在正相关关系。

债务融资偿还期限越长，它所支持的可持续性债务融资规模就越大；反之就越小。

3. 平均债务利率与可持续性债务融资规模两者之间存在负相关关系。平均债务利率越高，那么，它所支持的可持续性债务融资规模就越小；反之就越大。

4. 基期债务融资余额与可持续性债务融资规模之间负相关。基期债务融资余额越大，那么，可持续性债务融资规模就越小；反之就越大。

第六章　“十二五”时期我国地方政府债务整体风险分析

根据国家审计署2011年关于全国地方政府性债务审计结果的数据，通过对未来基础设施投资、政府新增举债规模和2010年年底地方政府债务余额积年还本付息的推算，“十二五”期间后3年，除债务率在108%—117%之间、略超过100%的“国际警戒线”外，负债率、偿债率、利息支出率都不会超过所谓的“国际警戒线”，“十二五”时期我国地方政府性债务的风险总体上处于可控范围之内，即便存在一定的风险隐患，最多也只是一种流动性风险而不是信用风险。

一、我国地方政府性债务的基本情况

在我国地方政府负债受到严格限制、而地方政府进行隐性负债成为常态的情况下，地方政府债务规模大小和结构就是一个难以准确掌握的数字。目前出现了央行、银监会和审计署等公布的数据和一些学者分析、推测的规模，目前权威的数据均以国家审计署2011年公布的2010年年底全国地方政府债务数据为准，这也是我们的分析基础。

（一）地方政府性债务余额规模情况

在《预算法》明确禁止地方政府举债的情况下，地方政府只能进行隐性负债，因而也就不可能有正规的统计和准确的数据。目前除了国家审计署的摸底调查外，从公开资料看仍然缺乏一个准确数据，一些机构对地方政府的债务规模进行了研究分析，有一些有代表性的规模估算。中国人民银行在2011年6月初发布的《2010中国区域金融运行报告》中提及，“2010年年末，各地区政府融资平台贷款占当地人民币各项贷款余额的比例基本不超过30%。”[①]部分机构和学者根据2010年末人民币贷款余额为47.92万亿元推测，得出地方政府性债务规模上限在14.4万亿元左右。

有关媒体透露银监会的资料显示，到2009年6月末，全国各省、自治区、直辖市及其以下各级政府设立的平台公司合计达8221家，其中县级政府平台公司4907家，银行对这些地方政府融资平台授信总额达8.8万亿元，贷款余额超过5.56万亿元。粗略估算，2009年末，地方政府债务规模接近11万亿元，相当于2009年地方本级财政收入的3倍。[②]

根据《21世纪经济报道》报道，监管部门有关人士透露，2012年到期贷款偿还压力相当大，全年需要偿还的平台贷款为1.85万亿元，占全部平台贷款的19.3%，根据这一报道数据推算，全部平台贷款余额大约为9.6万亿元；该报道同时引用了来自监管机构的数据，显示截至2013年6月末的平台贷款余额为9.7万亿元。[③]

民生证券研究院宏经济研究中心2013年8月发布研究报告对地方政府债务规模进行了测算，估计2011年和2012年地方政府全部债务分别为11.44亿元和14.54亿元。[④]

国家审计署2011年第35号公告公布了1979年以来到2010年年底全国31个省市区的地方政府性债务的情况，截至2010年年底，全国地方政府性债务余额为10.72万亿元。[⑤]2013年6月10日，国家审计署公布了《36个地方政府本级政府性债务审计结果》（2013年第24号公告），审计结果显示，至2012年年底，被审计的省市区地方债务总额共计38475.81亿元，比上年增长12.94%。如果按照这36个地区在2010年年底的政府性债务余额就已经占到了

① 中国人民银行货币政策分析小组：《2010中国区域金融运行报告》，中国人民银行网站2011年6月1日。

② 时红秀：《地方政府债务规模惊人 据估算已达财政收入3倍》，《中国经济时报》2010年07月05日。

③ 史进峰：《五部委联席会议运作曝光 银监会拟设地方政府举债上限》，《21世纪经济报道》2013年10月14日。

④ 民生证券研究院宏经济研究中心：《地方政府债务规模、分布及风险化解思路——民生宏观债务问题系列报告之六》，2013年8月8日。

⑤ 国家审计署：《全国地方政府性债务审计结果》（2011年第35号）。

全国地方政府性债务总额的 31.79% [1] 进行推算，则 2012 年年底全国地方政府性债务总额为 12.10 万亿元，比 2010 年年底增加 12.93%。

以下我们以国家审计署 2011 年第 35 号公告对我国 2010 年的地方政府债务情况进行分析。

根据国家审计署 2011 年第 35 号公告的审计报告，截至 2010 年年底，全国地方政府性债务余额为 107174.91 亿元，其中：政府负有偿还责任的债务为 67109.51 亿元，占 62.62%；政府负有担保责任的或有债务为 23369.74 亿元，占 21.80%；政府可能承担一定救助责任的其他相关债务为 16695.66 亿元，占 15.58%（见图 6-1）。在全部债务余额中有 11044.47 亿元以货币形态存在而尚未支出的债务，占 10.31%。

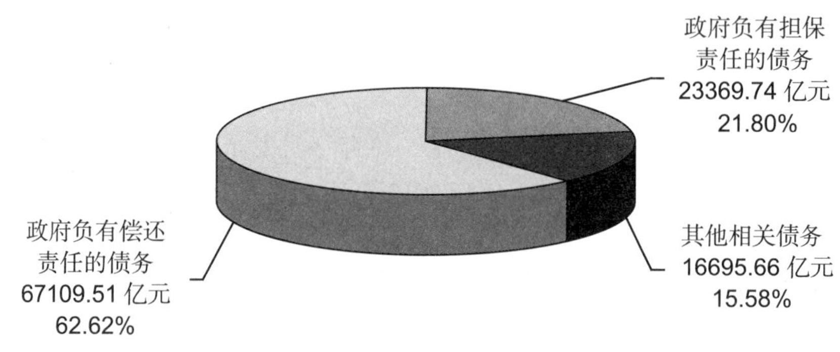

图 6-1　2010 年年底地方政府债务余额规模

资料来源：《全国地方政府性债务审计结果》（2011 年第 35 号）。

（二）地方政府债务余额结构

1. 从政府层级看，以地市级为主。2010 年年底，全国省级、市级和县级政府性债务余额分别为 32111.94 亿元、46632.06 亿元和 28430.91 亿元，分别占 29.96%、43.51% 和 26.53%（见图 6-2）。

2. 从区域分布看，东部发达地区占近一半。在 2010 年年底全部地方政府债务余额中，东部 11 个省（市）为 53208.39 亿元，占 49.65%；中部 8 个省

① 《摸清地方债务变化情况——审计署有关负责人谈36个地方政府性债务审计情况》，新华网，2013年6月10日。

为24716.35亿元，占23.06%；西部12个省（区、市）为29250.17亿元，占27.29%（见图6-3）。

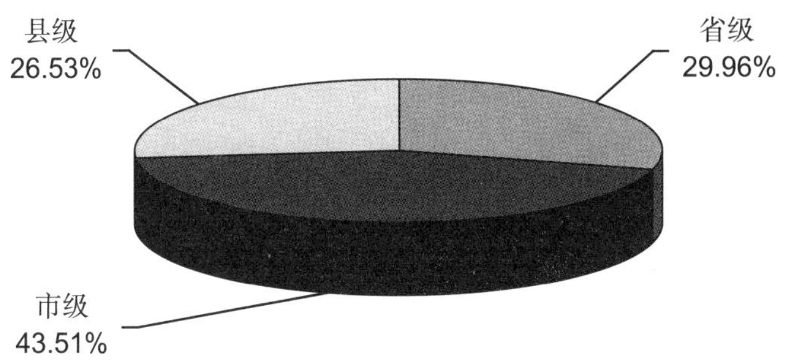

图6-2 2010年年底地方政府债务余额政府层级分布

资料来源：《全国地方政府性债务审计结果》（2011年第35号）。

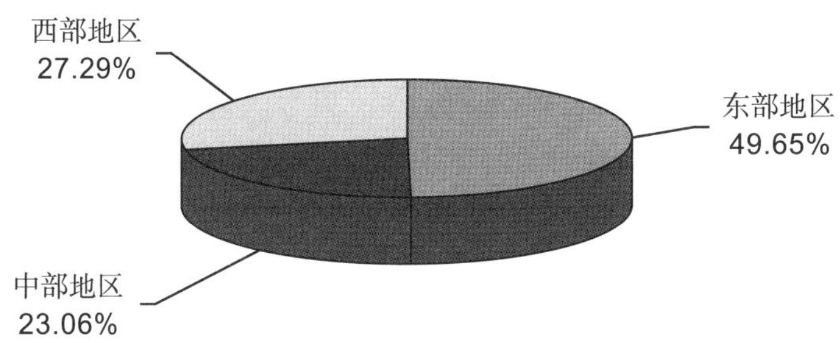

图6-3 2010年年底地方政府债务余额区域分布

资料来源：《全国地方政府性债务审计结果》（2011年第35号）。

3. 从举借主体看，以地方政府融资平台公司为主。在2010年年底全部地方政府债务余额中，地方政府融资平台公司举借49710.68亿元，占46.38%；地方政府部门和机构举借24975.59亿元，占23.31%（见图6-4）。融资平台公司、政府部门和机构的债务合计占全部地方政府性债务余额的69.69%。在融资平台公司债务中，地方政府负有偿还责任和担保责任的债务分别为31375.29亿元和8143.71亿元，分别占平台公司债务的63.1%和16.4%。

4. 从借款来源看，以银行贷款为主。在2010年年底全部地方政府债务余额中，银行贷款为84679.99亿元，占79.01%，上级财政为4477.93亿元，占4.18%；发行债券7567.31亿元，占7.06%；其他单位和个人借款10449.68亿元，占9.75%（见图6-5）。

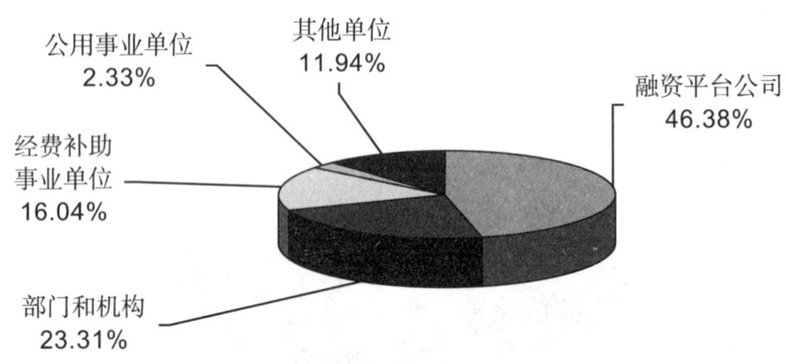

图 6-4　2010 年年底地方政府债务举借主体分布

资料来源：《全国地方政府性债务审计结果》(2011 年第 35 号)。

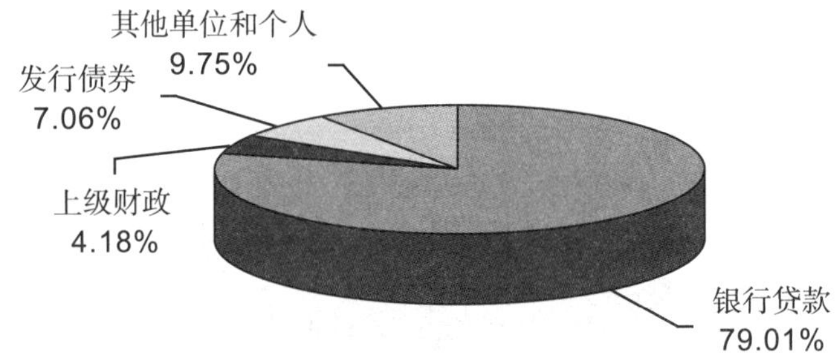

图 6-5　2010 年年底地方政府债务借款来源分布

资料来源：《全国地方政府性债务审计结果》(2011 年第 35 号)。

(三)地方政府性债务规模分年度变化情况

从历年地方政府债务余额的变化情况看，我国地方债务集中发生于应对金融危机的时期，债务规模的高增长具有暂时性。除 1998 年、2009 年为应对亚洲金融危机和全球危机，中央采取刺激性经济政策从而导致地方政府债务余额 1998 年和 2009 年分别增长 48.20% 和 61.92% 外(1999—2002 年仍然在宏观政策上采取扩张性财政政策)，在经济平稳发展时期地方政府债务余额增长在 30% 以下(见图 6-6)。总体上看，除 2009 年应对危机而出现高增长外，1998 年以来我国地方政府债务余额增长率呈现出不断下降趋势，2010 年不仅是近年来增长率最低的(18.86%)，也比 2009 年增速下降了 43.06%。

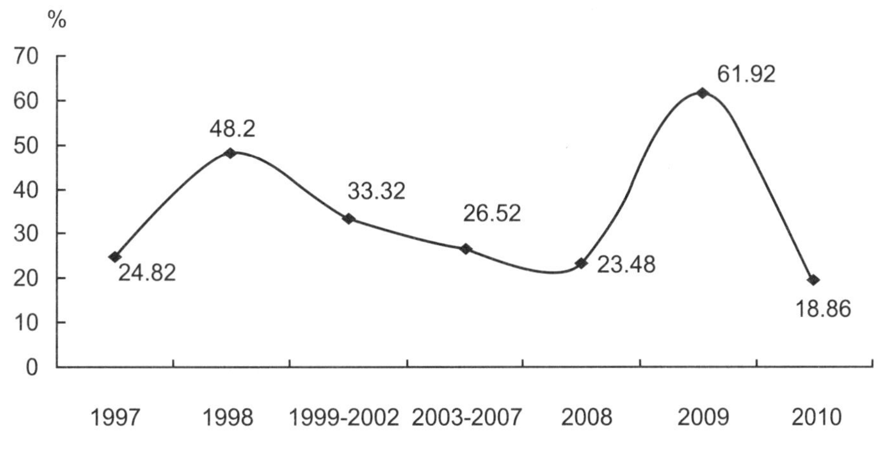

图 6-6 1997 年以来地方政府债务余额增长率变化

根据上述历年地方政府债务余额增长率变化情况，推测出 1996 年以来我国地方政府债务余额的规模变化情况，如表 6-1 所示。从表 6-1 可以看出，2001 年地方政府的债务余额才突破 1 万亿元，2005 年以前每年债务余额增加额也不到 5000 亿元，到 2008 年年底我国地方政府的债务余额也仅为 5.57 万亿元，而 2009 年一年就增加了 3.45 万亿元，地方政府债务增长具有极大的突发性和政策推动性。

表 6–1 1996–2010 年历年地方政府债务余额推测

	1996	1997	1998	1999	2000	2001	2002	2003
余额（亿元）	2380	2971	4403	5871	7827	10434	13911	17600
增加额（亿元）		591	1432	1467	1956	2608	3477	3689
增长率（%）		24.82	48.2	33.32	33.32	33.32	33.32	26.52
	2004	2005	2006	2007	2008	2009	2010	
余额（亿元）	22268	28174	35645	45098	55687	90169	107175	
增加额（亿元）	4668	5905	7472	9453	10589	34482	17006	
增长率（%）	26.52	26.52	26.52	26.52	23.48	61.92	18.86	

二、当前我国政府债务风险情况分析

负债率、债务率、偿债率和利息支出率等指标，是分析政府债务风险最常用的指标，我们以偿债率以外的三个指标对目前地方政府的债务风险进行分析。

（一）历年负债率估计

我国地方政府的债务规模是随着我国经济发展而逐年增加的（参见图6-7），总体上目前我国地方政府的债务风险处于可控范围内。从地方政府债务余额占GDP的比重即负债率看，2000年仅为7.9%，2009年和2010年，我国地方政府负债率上升较快，但也仅为26.5%和26.7%。

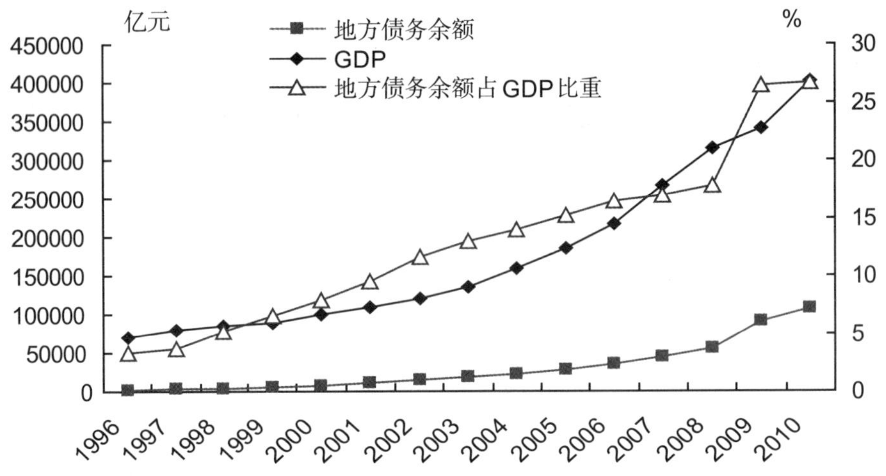

图6-7　1996年以来地方政府债务余额、GDP与负债率变化

尽管从负债率看，目前我国地方政府的负债率水平超过了美国和加拿大的相关规定，但美国和加拿大是发达国家，且是联邦制国家，我国与其国情完全不同。而且在2010年年底的地方政府债务余额中，政府真正负有偿还责任和担保责任的债务余额仅为90479.25亿元，而这些债务有相当大一部分是由融资平台公司用于部分有回报收益项目的投资形成的，并不真正需要政府未来承担偿还责任，况且在全部债务余额中还有11044.47亿元的现金，因而2010年地

方政府的真实负债率大约为20.2%。

从国家负债率看，由地方政府债务余额和中央债务余额共同构成的国家债务余额，2010年仅为17.47万亿元（参见表6-2），国家负债率2009年为44.1%、2010年为43.5%，大大低于《马斯特里赫特条约》为欧盟成员国入围规定的60%的控制水平。

表6-2 2005年以来国家债务余额和国家负债率情况（亿元、%）

	地方政府债务余额	中央债务余额	国家债务余额	GDP	国家负债率
2005	28173.6	32614.2	60787.8	184937.4	32.9
2006	35645.2	35015.3	70660.5	216314.4	32.7
2007	45098.3	52074.7	97173.0	265810.3	36.6
2008	55687.4	53271.5	108958.9	314045.4	34.7
2009	90169.0	60237.7	150406.7	340902.8	44.1
2010	107174.9	67548.1	174723.0	401202.0	43.5

（二）历年债务率估计

尽管目前国际上并没有对地方政府债务率的统一控制标准，但从各国实践看，大多都将该指标设定为100%左右来对地方政府的债务总余额进行控制。

表6-3 2006年以来我国地方政府债务率变化（亿元、%）

	地方债务余额	地方财政收入总量	债务率Ⅰ	地方预算外收入	土地收入	债务率Ⅱ
2006	35645.2	31805.03	112.1	5940.8	7000	79.7
2007	45098.3	41710.51	108.1	6289.9	12900	74.1
2008	55687.4	51640.55	107.8	6125.2	9700	82.5
2009	90169	61166.38	147.4	6062.6	14239.7	110.7
2010	107174.9	72962.67	146.9	6000	29397	98.9

如果仅从地方政府债务余额与地方财政收入总量（包括地方本级收入与中央对地方税收返还和转移支付收入）之比计算的债务率Ⅰ来看，近年来我国地方政府的债务率连续超过100%，2009年和2010年更接近150%（见表6-3）。

但考虑到我国地方政府存在大量隐性收入，实际地方政府的综合财政实力要大于地方财政收入总量。仅考虑有统计的地方预算外收入和土地收入，则由地方政府债务余额与地方综合财力计算的债务率Ⅱ，仅 2009 年超过了 100%。

（三）历年利息支出率估计

根据 2010 年年底地方政府债务的借款来源结构推算 2009 年年底地方政府债务的借款来源。假设：银行贷款全部为中长期贷款，以 2009 年时的五年期以上贷款基准利率 5.94% 计算；上级财政不用付息；发行债券的平均利率为 6%；其他单位和个人贷款的平均利率为 6.5%。按照上述假设，则以 2009 年地方政府债务余额计算的 2010 年利息支出额约为 5200 亿元。以 2010 年地方财政收入总量（72963 亿元）计算的利息支出率为 7.1%，以 2010 年地方综合财力（108360 亿元）计算的利息支出率为 4.8%，两种方式计算的利息支出率都较低，不到一些国家规定的风险警戒线。

三、"十二五"时期地方政府债务风险预测分析

（一）"十二五"时期地方政府债务规模测算

1. 现有地方政府债务未来年度偿还分布

根据 2011 年审计署公布的地方政府债务数据，2010 年年底地方政府性债

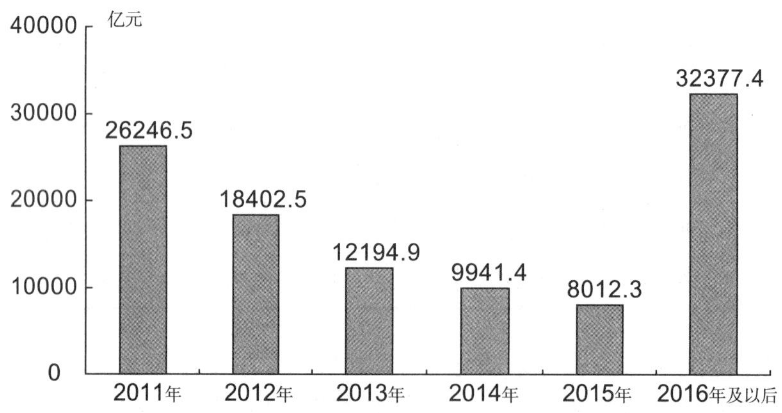

图 6-8　2010 年年底全国地方政府性债务未来偿债情况

务余额在未来几年中，需要到期偿还的债务情况如图 6-8 所示。2010 年年底的债务余额需要在 2011、2012、2013 年偿债的规模为 56843.91 亿元，占全部债务余额的 53.03%。2014 年和 2015 年仅分别为 9941.39 亿元和 8012.26 亿元，占比仅分别为 9.28% 和 7.48%，2016 年以后需偿还的规模为 32377.35 亿元，占 30.21%。

2. 未来地方政府新增举债规模测算

由于现有地方政府债务中有很大一部分是融资平台公司形成的债务，而平台公司融资的目的主要是进行基础设施的固定资产投资建设，2004—2010 年我国基础设施建设投资年均增长 23.9%。考虑到城市化发展、农村人口向城市转移等因素引起对基础设施需要的不断增加，“十二五”时期基础设施建设投资仍会保持较快增长，但随着 2004—2010 年高速公路、高速铁路、通信设施等投资规模的持续扩大，“十二五”时期不可能继续维持过高的增长率，我们以 15% 的增长率进行预测。[①] 这些基础设施建设投资的资金需求并非都通过地方政府平台公司解决，有一部分是由一些自负盈亏的企业和中央政府部门（如铁道部）负责筹资建设，地方融资平台公司仅承担一部分。

地方融资平台投资资金来源以银行贷款和债券为主，根据相关研究分析，过去平台公司的债务 60%—70% 为银行贷款。随着 2010 年以来国家对地方融资平台清理整顿和规范，未来融资平台通过银行贷款筹资的比例会出现明显下降，地方政府也不能再为平台融资提供任何形式的担保，对于大多数融资平台的项目也将主要依靠项目自身收益偿还全部或部分债务，因而未来融资平台债务需要地方政府负责偿还的比率会大幅度下降。考虑到政府融资平台公司的特殊性，在融资平台公司债务出现问题的极端情况下，地方政府将不得不为其债务承担偿还责任，我们从谨慎性原则出发，对融资平台债务的 20% 作为极端情况下需政府“兜底”的债务，纳入到未来地方政府的新增举债总规模中，同时银行贷款的期限按 8 年（宽限期 3 年）、企业债券期限按 5 年确定。

地方政府部门和机构、经费补助事业单位、公用事业单位和其他单位所形成的债务（下称非平台债务），无论是负有偿还责任还是担保责任的债务，最

① 实际上，电力燃气水的生产供应业，交通运输、仓储和邮政业，信息传输、计算机服务和软件业，水利、环境和公共设施管理业这四大基础设施行业，2004—2009年城镇固定资产投资年均增长24.5%，而2010—2012年，仅分别增长17.4%、2.9%和14.2%，尽管2011年与2010年因统计起点由50万元提高到500万元而不能完全相比，但同口径相比2011年的增长率也不会超过10%，增速明显比过去下降。

后都是需要地方政府承担偿还或救助责任的债务，是政府的直接债务，2010年年底这类债务余额占全部政府性债务余额的53.62%。由于没有历年非平台债务的新增举债规模及余额规模，我们以前面推算的历年地方政府债务余额推测规模和53.62%的比例进行推算，在不考虑利息因素情况下，“十五”和“十一五”期间非平台债务年度新增举债规模年均分别增长24.7%和23.6%，平均为24.1%，2010年年底非平台债务余额为57467亿元、2010年新增举债额为9119亿元。未来随着中央对地方政府的非平台债务管理的强化，地方政府非平台债务的增长会减缓，且从银行获得贷款的难度加大，而主要是通过发行地方债等方式解决（目前国务院已批准上海、浙江、广东和深圳尝试地方债的发行），我们以15%的增长率、期限5年推测未来年度新举债规模。

根据上述分析，由非平台债务年度新增举债额和纳入地方政府债务的平台债务新增举债额组成的地方政府未来年度债务新增举债额，如表6-4所示。

表6-4　地方政府债务未来各年度新增举债规模推测（亿元）

	平台债务		非平台债务（地方债）	新增举债合计
	银行贷款	企业债券		
2011	4249	3187	10486	17922
2012	4865	3649	12059	20573
2013	5573	4180	13868	23621
2014	7237	4790	15948	27975
2015	9147	5493	18341	32981

3. 未来地方政府债务余额和利息支出推测

根据图6-8和表6-4估算的数据，2011—2015年度地方政府的年度债务余额如表6-5所示，2011年为9.89万亿元，2015年为15.28万亿元。

表6-5　2011—2015年地方债务余额推测（亿元）

年度	2011	2012	2013	2014	2015
地方债务余额	98850	101021	112447	129631	152776

我们假设融资平台的银行贷款为中长期债务、利率按目前基准利率7.05%，企业债券的利率为6.5%，地方债券利率为3.5%（2011年以来财政部

代发地方债利率区间为3年期3.67%—4.07%、5年期3.70%—4.30%，上海自行发债3年期为3.10%、5年期为3.30%，广东分别为3.08%和3.29%）。根据上述推测和相关利率假定，未来地方政府债务的利息支付额如表6-6所示。

表6-6 2011—2015年度利息支出预测（亿元）

年度	2010年年底债务余额利息	新增平台债务利息		新增非平台债务利息（地方债）	利息合计
		银行贷款	企业债券		
2011	4654	300	207	367	5528
2012	3596	643	444	789	5472
2013	2894	1035	716	1274	5920
2014	2323	1486	1027	1833	6668
2015	1862	2002	1384	2475	7723

根据2010年年底地方政府债务余额“十二五”期间的年度需偿还额、年度利息支出额和新举债债务的还本额，推算出“十二五”期间各年度地方政府债务的还本付息额，如表6-7所示。

表6-7 2011—2015年度地方政府债务还本付息额预测（亿元）

年度	2011	2012	2013	2014	2015
还本付息额	31774	23874	18115	17460	17558

（二）“十二五”时期经济和财政收入预测

2011年和2012年，我国GDP分别增长9.3%和7.7%。根据亚洲金融危机以来我国经济上升期中内需对经济增长的平均贡献估计，在外需不发生重大变化的情况下，“十二五”时期后三年我国经济潜在增长率应在7.5%—9.0%之间变化，我们取8.0%和2009—2012年的缩减指数进行预测。

我国包括预算内和预算外在内的财政总收入，2000年以来保持17.9%的年均增长，高于同期GDP15.0%的名义增长率，尤其是“十一五”时期年均增长19.1%，财政总收入占GDP的比重逐步提高，由1995年的14.2%提高到2000年的17.4%，2005年起一直超过20%，2009—2012年平均为22.0%（参见图6-9）。未来我国财政收入仍会保持快速增长，随着结构性关税政策的落实，财政收入占GDP的比重可能会保持稳定甚至会有所下调，但不会出现大幅度下降，我们以 21% 进行预测。

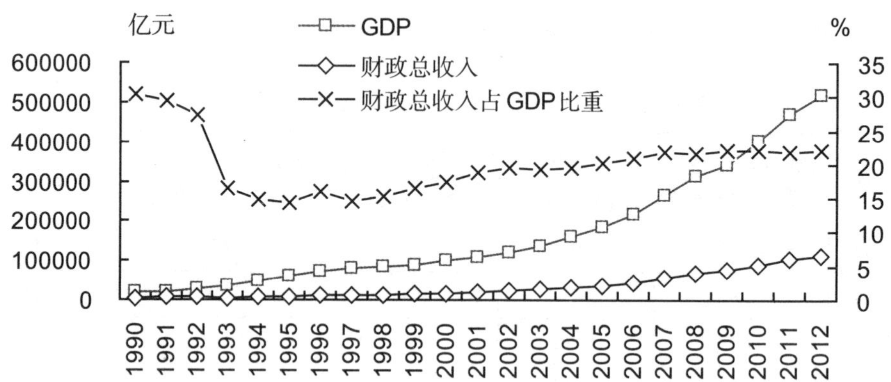

图 6-9　GDP、预算内和预算外财政收入及占 GDP 比重变化

我国地方财政收入总量（包括地方本级、地方预算外和中央转移支付）占国家总财政收入（预算内和预算外两项合计）的比重，近年来呈现出上升趋势，由 2006 年的 83.6% 提高到 2010 年的 88.1%，“十二五”期间按 85% 估算地方财政收入总量。由此测算出“十二五”时期我国经济和国家与地方财力情况，如表 6-8 所示。

表 6–8　“十二五”时期 GDP、国家与地方财政总收入测算（亿元）

	名义 GDP	国家总财政收入	地方财政收入总量
2010	401512.8	88895.9	78358
2011	473104.0	103874.4	88293
2012	518942.1	114253.5	97115
2013	582496	122324	103976
2014	653834	137305	116709
2015	733908	154121	131003

（三）“十二五”时期地方政府债务的风险性测算

根据表 6-5 至表 6-8 的相关数据，“十二五”时期的负债率、债务率、偿债率和利息支出率如表 6-9 所示。

表 6–9 “十二五”时期地方政府债务风险指标测算值（%）

	负债率	债务率	偿债率	利息支出率
2011	20.9	112.0	36.0	6.3
2012	19.5	104.0	24.6	5.6
2013	19.3	108.1	17.4	5.7
2014	19.8	111.1	15.0	5.7
2015	20.8	116.6	13.4	5.9

按照一般评价政府债务风险指标的判断标准看，总体上地方政府债务的负债率在“十二五”期间后 3 年在 20% 左右，远低于所谓的 60% 的“国际警戒线”；债务率在 108%—117% 之间，略超过 100% 的“国际警戒线”；偿债率在 13.4%—17.4% 之间，按 15%—20% 的“警戒线”，“十二五”时期已经过去的 2 年远高出“警戒线”，而后 3 年则在“警戒线”之内；利息支出率在“十二五”期间后 3 年不到 6%，远低于一般认为的 10% 的“警戒线”。

在推算上述相关指标的测算值时，我们没有考虑土地、国有企业股权、有盈利的基础设施等资产资本化的收益，也没有对 2010 年年底地方政府债务余额中地方融资平台有收益从而有偿债资金来源的项目的债务进行扣除。

上述分析表明，“十二五”时期我国地方政府整体债务即便存在一定的风险隐患，最多也应是一种流动性风险而不是信用风险，负债率、利息支出率远离一般认为的“警戒线”，因而未来我国地方政府性债务的风险总体上处于可控范围之内。随着我国经济持续增长、财力不断增强，以及中央对地方政府举债的严格控制和对地方政府融资平台的清理、规范，潜在的地方政府债务风险隐患能够得到消除，不会产生实质性的债务风险。但是，对于个别地方政府尤其经济落后地区存在的局部债务风险和阶段性偿债压力增大的风险，需要引起关注。①

以上的分析是基于我们认为的正常环境条件，即国际上不出现严重的国际经济动荡和金融危机、国内不发生经济社会动荡和严重的自然灾害、政策严重失误等极端情况，也没有考虑未来地方政府会出现无节制性、大规模举

① 国家审计署2013年第24号公告的审计结果显示，2012年，在36个地方政府本级中有个别省会城市本级政府负有偿还责任的债务率高达188.95%，如加上政府负有担保责任的债务则最高的达219.57%；有13个省会城市本级政府负有偿还责任债务的偿债率超过20%，最高的达60.15%，加上政府负有担保责任的债务则最高的达67.69%。

债情况的发生。从中央调控和十八届三中会不会《决定》关于“深化财税体制改革”、“建立规范合理的中央和地方政府债务管理及风险预警机制”、“建立事权和支出责任相适应的制度”相关措施看，地方政府不受到控制进行举债的情况不会发生。

参考资料：

罗云毅：《财政赤字率和债务率：〈马约〉标准与国际安全线》，《经济研究参考》2003年第3期。

时红秀：《地方政府债务规模惊人 据估算已达财政收入3倍》，《中国经济时报》2010年07月05日。

史进峰：《五部委联席会议运作曝光 银监会拟设地方政府举债上限》，《21世纪经济报道》2013年10月14日。

国家审计署：《全国地方政府性债务审计结果》（2011年第35号），《36个地方政府本级政府性债务审计结果》（2013年第24号公告）。

中国人民银行货币政策分析小组：《2010中国区域金融运行报告》，中国人民银行网站，2011年6月1日。

民生证券研究院宏经济研究中心：《地方政府债务规模、分布及风险化解思路——民生宏观债务问题系列报告之六》2013年8月8日。

第七章　地方政府的土地财政及其可持续性研究

土地财政是我国经济快速增长的主要动因，是地方政府融资体系的重要引擎。土地财政拓展了地方政府融资制度和政策空间。但是，土地财政也带来了许多风险问题，表现出现有体制与政策的不可持续性。从国外的情况看，政府或以土地所有者的身份，或以公共管理者的身份，通过各种方式或名义获取土地收益从来就没有停止过，但是，国外地方政府更重视公共利益的保护，重视城市的可持续发展。未来，我国地方政府融资模式需要不断调整与优化，更多运用公共土地资源，吸引社会资本进入基础设施和公共服务领域，避免政府过度参与投资与建设，减轻债务负担，同时，轻松得到所需要的公共设施。

一、土地财政及其可持续性的内涵

（一）土地财政

土地财政作为现阶段中国经济社会的一种特殊现象，目前，学术界对它尚无严格的定义，专家、学者普遍从土地财政收入的来源对它进行定性描述。

邵绘春（2007）认为，土地财政通常是指地方政府的财政收入主要依靠土地的运作来增加收益，或者表述为把土地作为增加财政收入的重要来源。土地财政包括政府通过土地税收、土地使用权出让、土地融资、土地金融等方式获得收益来直接或间接增加财政支出能力的行为。

董再平（2008）指出，“土地财政”是学术界对以地生财的地方政府财政收入结构的戏称，通常指地方政府的财政收入主要依靠土地运作来增加。一般来说，地方政府以地生财的基本途径有三，一是通过出让土地获取土地出让金，二是通过发展建筑业和房地产业带来相关税费收入的增加，三是以土地为抵押获取债务收入。

陈志勇（2010）给出了“土地财政”的定义，认为“土地财政”是指地方政府的可支配财力高度倚重土地及其相关产业税费收入的一种财政模式。

刘尚希（2010）则提出，“土地财政”是指地方政府从土地开发及其相关领域所获得的税收收入和公共产权收入，并且在近几年房价高涨的情况下，这两块收入占地方财政收入的比重不断提高的一种现实情况。

本文认为，土地财政不止涉及到土地财政问题，还有土地金融问题，不只是财政收入渠道，更是投资建设模式。我国的土地财政是指具有中国特色的地方政府的可支配财力及其融资活动高度依赖土地的运作的一种财政发展模式，是以政府为主体、围绕土地所进行的财政收支和政府投融资活动，是土地制度、财政制度、金融制度有机结合和共同作用结果。可以说，中国土地财政的真正目的并不是为了简单的收支，而是旨在融资和投资，实现地方经济和城镇建设的滚动发展。

（二）土地财政可持续性

土地财政是地方政府惯常的财政收支和融资模式，地方政府利用自己土地所有者和公共管理者的身份获取土地收益，并用于维持日常运转和建设需要，古今中外概莫如此。地方政府依赖土地财政并没有错，所谓要“摆脱土地财政束缚”的想法既没必要，也不可能。但是，在转轨时期，我国土地财政的运行过程中，由于体制与政策的不完善、不健全，产生了一些不利于经济、社会、金融、财政稳定发展的因素。对土地财政可持续性问题的研究，有助于化解风险，促进这一地方政府融资模式健康发展。

可持续性是指一种可以长久维持的过程或状态。作为具有综合性和交叉性的研究领域，可持续发展涉及到众多的学科。生态学家着重从自然方面把握可持续发展，理解可持续发展是不超越环境系统更新能力的人类的发展；经济学家着重从经济方面把握可持续发展，理解可持续发展是在保持自然资源质量和其持久供应能力的前提下，使经济增长的净利益增加到最大限度；社会学家从社会角度把握可持续发展，理解可持续发展是在不超出维持生态系统涵容能力的情况下，尽可能地改善人类的生活品质。

土地财政的可持续性则是指地方政府在利用土地进行融资活动时，要权衡需要与可能、当代与后代、短期与长期、局部与整体、经济与社会的关系，要充分考虑到土地资源的稀缺性和有限性，为未来发展留有足够发展的空间；要通过土地资源开发利用满足公共利益的最大化，而不是追求土地财政收益的最大化；要顾及土地制度和政策对失地农民利益及城市居民承受能力的影响，防止可能出现的社会稳定问题和房价不断上涨局面；要将土地财政收益切实用于最紧迫的民生领域，真正做到取之于民用之于民；要实现土地债务融资规模与地方政府可支付财力相匹配，有效防范可能出现的债务风险。

二、土地财政产生的背景

土地财政在我国快速发展，并成为地方政府主要融资模式，有其深刻的形成背景与原因。

（一）全能型政府对投资资金始终保持旺盛的需求。长期以来，地方政府职能转变不到位，政府仍然管了许多不该管、管不了、管不好的事情，无形中也创造了许多公共职能以外的事权。地方政府不只是公共事务的管理者和公共服务的提供者，更是经济建设的参与者、竞争者，甚至是主导者，他们热衷于直接参与经济和投资活动，不单直接提供地方性的公共产品和基础设施，而且介入产业园区等竞争性领域的投资，甚至直接对产业投资项目提供资本金或补助。政府主导和干预经济就必须要有强有力的资金支持手段，全能型政府的定位以及由此产生的事权创造，给地方政府增加了许多额外的财政压力。以往地方政府是通过名目繁多的预算外收入弥补缺口，十多年来，土地财政逐渐成为地方全能型政府的最稳定的财源。

（二）政绩目标和政治竞赛需要快速筹集建设资金。长期以来，对地方官员的政绩考核片面强调经济指标，上级政府就像考官，下级政府就像考生，经济指标表现就是考卷。地方官员为了谋求显赫政绩，都挖空心思争表现，希望在任职期间经济建设有所成就，往往急功近利，热衷于那些税高利大的项目，卖地筹资搞政绩工程。这种政绩考核机制对经济发展方式转变产生了极为明显的消极影响。近年来，中央政府对地方政府的政绩考核虽然在有意淡化经济增长目标，但是，从实际结果看，经济发达或经济增长快的地区的官员更容易得到升迁。政绩要求越高、政治竞争越激烈，越需要迅速筹集巨额的资金。土地出让金一次征收且数量巨大，最为符合地方政府的现实需要，因此，也就成为地方政府的重要依托。

（三）财力与事权的不对称导致地方政府可支配财力不足。财力与事权不对称体现在中央政府财力上收和事权下放两个方面。地方政府担负着社会管理、兴办公用事业、保证社会福利和促进经济发展等职能。但是，分税制后，主要税种的大部分收入都划归中央，留给地方的多是一些增收潜力较小和征管难度较大的零散税种，其收入不仅不够稳定，而且增长缓慢。与此同时，中央政府与地方政府、各地方政府之间事权没有明确的、正式的分工，导致支出责任层层下放。这就造成地方政府收入能力与日益增加的支出责任表现出极大的不适应，地方政府在保运转的基本前提下，很难再为自己直接投资的项目提供资金。建设性资金的严重不足，加之其它融资渠道缺乏，使得地方政府都将眼光投向了手中能够掌握的土地资源，通过土地生财，解决建设性资金不足的问题。

（四）我国的土地征用制度为土地财政的产生创造了条件。独家垄断的土地征用制度给政府带来了实实在在的好处。首先，在法律的支持下，政府可以源源不断地获得廉价的土地资源。由于集体土地所有权很难落实，集体经济组织又往往听命于上级官员的指令，难以真正代表被征地农民的利益，因此，即使有反对的声音也很弱，征地的阻力也明显地减少了。与国外相比，我国的征地效率极高，使得政府可以在很短的时间里就能根据城市拓展和产业发展的需要征用到大量的土地。其次，征地补偿仍然长期依据几十年前的标准，也就是按照土地的原用途给予补偿，导致农村集体土地所有权永久丧失的价格远远低于政府在市场上公开出让土地的价格。快捷、廉价征用的土地无论是市场出让还是银行抵押都为地方政府城市建设提供了重要资金来源。

（五）快速城镇化及其住房市场化为土地财政拓展了空间。2011 年，城镇化率首次突破 50%，达到 51.3%。1981—2011 年，我国城区人口增加了 2 亿人，每年增加 720 多万人。快速城镇化带来的新增人口需求、住房改善性需求以及拆迁重建的需求，推动城镇房地产市场持续繁荣。1998 年，我国住房体制发生了根本性的变革，结束了长期的住房福利制，建立起了住房分配货币化、住房供给商品化的新体制，也使得城镇居民住房需求迅速释放。2000—2010 年，我国城镇累计新增商品住房面积 43.3 亿平方米，新增套数在 4300 万左右。旺盛的住房需求对城镇建设用地产生了巨大的需求，也不断推高了地价，使得城市政府能够通过出让房地产等经营性用地获得丰厚的收益。

表 7-1　全国城市数量及人口、面积情况

	城市个数（个）	城区人口（亿人）	建成区面积（万平方公里）	城市建设用地（万平方公里）
1981	226	1.44	0.74	0.67
1985	324	2.09	0.93	0.85
1991	479	2.95	1.4	1.29
1995	640	3.78	1.92	2.20
2001	662	3.57	2.40	2.40
2005	661	3.59	3.25	2.96
2011	657	3.53	4.36	4.18

资料来源：《中国城市建设统计年鉴 2011 年》。

注：2005 年及以前年份“城区人口”为“城市人口”，“城区面积”为“城市面积”。

（六）地方政府的土地经营策略推动了土地收益的不断增长。为实现土地收益的最大化，政府通过对土地供给的有计划的适度饥饿控制，推动建设用地价格保持单边持续上扬。作为土地一级市场的垄断者，政府始终不愿意向市场大规模地供应土地，导致土地市场长时间处于“一地难求”状态，开发商对土地始终处于饥渴的状态，只能抢着拿地，如此供地、拿地、用地、管地，最终导致地价的不断飙升。北京等城市土地拍卖屡屡出现天价，正是这种“饥饿供应法”的直接结果。由于地方政府普遍采取了“饥饿型”的供地方式，导致城市土地价格不断攀升，土地出让收入迅速增加，成为政府投资的重要资金来源。

三、我国土地财政的规模与结构

土地财政包含财政与金融的双重内涵，其涉及范围较广，表现形式多样，可以大致归为以下三个方面的内容：与土地相关的税收收入、土地出让金收入以及土地贷款收入。

（一）土地税收收入

土地税收是由于地方政府的公共投资及其他行为带来了土地价值及其增值，而以“土地价值溢价回收”为目的的土地征税。目前的财税体制涉及土地课税的税种有十几种，最主要的有耕地占用税、城镇土地使用税、土地增值税、契税和房产税。

《中华人民共和国城镇土地使用税暂行条例》（国务院令［1988］第17号）规定，在城市、县城、建制镇、工矿区范围内使用土地的单位和个人，为城镇土地使用税的纳税义务人，土地使用税以纳税人实际占用的土地面积为计税依据，依照规定税额计算征收。

《中华人民共和国土地增值税暂行条例》（国务院令［1993］第138号）规定，转让国有土地使用权、地上的建筑物及其附着物并取得收入的单位和个人，为土地增值税的纳税义务人，按照纳税人转让房地产所取得的增值额和规定的税率计算征收。

《中华人民共和国耕地占用税暂行条例》（国务院令［2007］第511号）规定，耕地占用税的纳税人是占用耕地建房或者从事非农业建设的单位或者个人，以纳税人实际占用的耕地面积为计税依据，按照规定的适用税额一次性征收。

《中华人民共和国契税暂行条例》（国务院令［1997］第224号）规定，契税的纳税义务人是在我国境内转移土地、房屋权属，承受的单位和个人。征税对象包括：国有土地使用权出让、转让，房屋买卖、赠与、交换。

《中华人民共和国房产税暂行条例》（国发［1986］第90号）规定，房产税是按照房产的计税价值或房产租金收入向房产所有人或经营管理人征收的一种税，目的是运用税收杠杆加强对房产管理，控制固定资产投资规模，合理调节房产所有人和经营管理人的收入，其税源稳定，易于控制管理，是地方财政收入重要的税源之一。

2001—2012年，我国城镇土地使用税由66亿元提高到1542亿元，年均增长33.2%；土地增值税由10.3亿元提高到2719亿元，年均增长66%；耕地占用税由38亿元提高到1621亿元，年均增长40.6%；契税由157亿元提高到2874亿元，年均增长30.3%；房产税由228.6亿元提高到1372亿元，年均增长17.7%（见图7-1）。

土地税收总额由2001年的500亿元提高到2012年的10128亿元，年均增长31.4%。土地税收占地方税收的比例由2001年的7.2%提高到2012年的21.4%；土地税收占地方财政收入的比例由6.4%提高到16.6%（见图7-2）。可见，随着我国城市建设和房地产市场的发展，土地税收明显超前于全部地方税收和财政收入的增长。

改革开放以来，在全国财政一般预算支出中，经济建设支出的比重趋于下降，而在全社会固定资产投资中，预算内资金所占比重也呈现明显下降。这说明在一般预算盘子中，用于建设性支出的相对规模缩小。地方的情况也是如

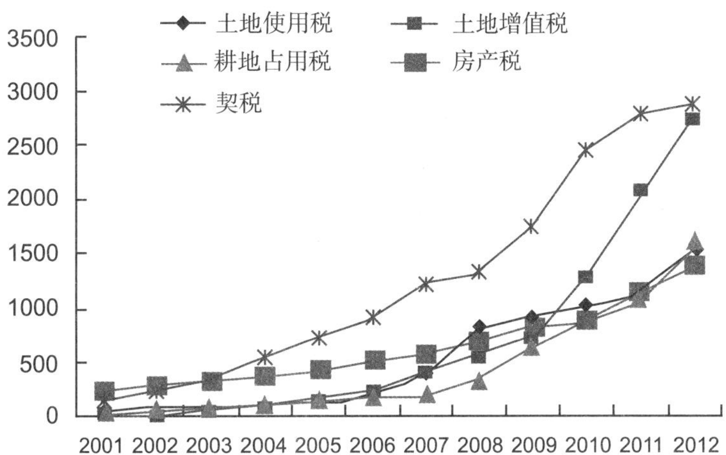

图 7-1　2001-2012 年我国各类土地税收（亿元）

资料来源：国家税务总局网站。

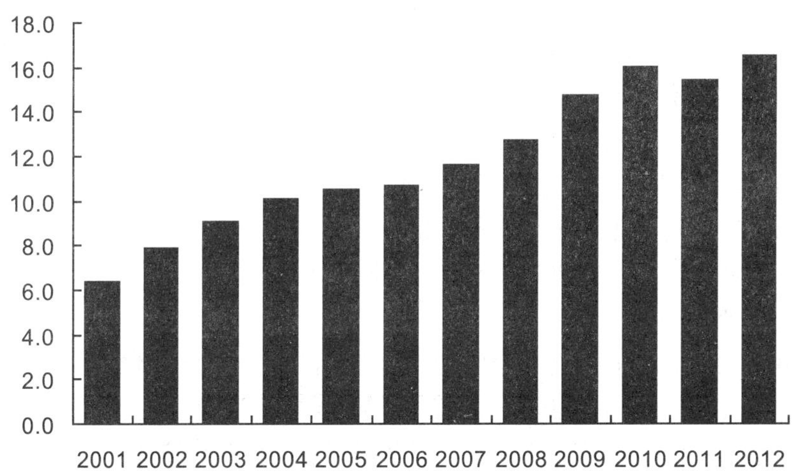

图 7-2　土地税收占地方财政收入的比例（%）

资料来源：国家税务总局网站，各年中国统计年鉴。

此，地方政府投资更加依赖基金预算收入和未纳入预算管理的收入。上述土地税收均属于一般预算收入，在地方预算盘子中混合使用，也主要用于地方的经常性财政支出。

（二）土地出让金收入

我国实行土地社会主义公有制，国家所有土地的所有权由国务院代表国家行使。土地出让收入存在的基础是土地所有权与使用权相分离，是土地所有权在经济上的体现。土地出让收入是我国市县人民政府依据土地管理法、城市房地产管理法等有关法律法规和国家有关政策规定，以土地所有者身份出让国有土地使用权所取得的收入，主要是以招标、拍卖、挂牌和协议方式出让土地取得的收入，也包括向改变土地使用条件的土地使用者依法收取的收入，划拨土地时依法收取的拆迁安置等成本性的收入，依法出租土地的租金收入，等等。

随着我国城市化进程的加快，在以政府为主导的经济发展模式下，土地出让收入成为地方政府财政收入的主要来源，对城市的发展起到了重要作用。2001—2012 年，全国地方财政基金收入中的土地出让收入由 1296 亿元上升到 28418 亿元，年均增长 32.4%。

从土地出让环节看，在扣除征地拆迁和土地开发后的土地净收益才是地方政府的可支配财力。2007 年以前，统计中没有土地成本的数据。根据全国财政预算执行情况报告，2008 年，土地出让收入 10772 亿元，扣除土地成本 3778 亿元，土地净收益为 6394 亿元；到 2012 年，土地出让收入上升到 28418 亿元，土地成本也提高到 22621 亿元，土地净收益只有 5797 亿元。2008—2012 年，土地总收入、成本和净收益分别年均增长了 18.8%、24.2% 和 6%。可见，在土地出让总收入中，土地成本增长较快，导致净收益增长远远滞后于总收入的增长。

2008 年和 2009 年的土地净收益占土地出让收入的比例维持在 63%，而 2010—2012 年则分别下降到 54%、28.1% 和 20.4%。可见，近两年征地拆迁等成本迅速增加，地方政府从土地出让环节得到的收益明显缩减。我们对 2001—2007 年土地成本占土地出让收入的比例进行估算，即由 70% 下降到 64%，并依此推算出相关年份的土地净收益。结果表明，土地净收益占地方财政收入的比例波动较大，由 2001 年的 5% 提高到 2003 年的 17.7%，又下降到 2005 年的 12.4%，之后逐步提高到 2010 年的 38.7%，2012 年迅速下降到 9.5%（见图 7-3）。

（三）土地贷款收入

政府的土地收入还包括通过土地资产抵押获得的贷款收入。土地抵押贷

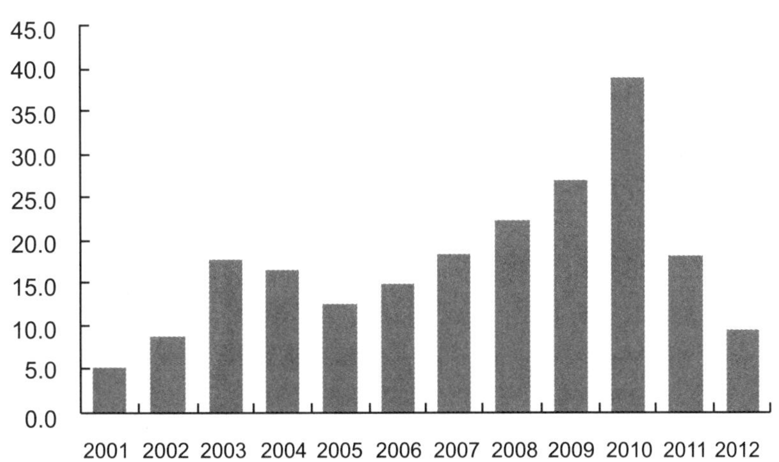

图 7-3　土地净收益占地方财政收入的比例（%）

资料来源：国家税务总局网站，各年中国统计年鉴。

款收入是将政府未来的土地出让收入“贴现”，政府提前支配这部分收入。根据国土部发布的《中国国土资源公报》，截至 2012 年年底，全国 84 个重点城市处于抵押状态的土地面积为 34.8 万公顷，抵押贷款总额 5.9 万亿元。在土地抵押贷款中，住宅用地、商服用地、储备用地和工矿仓储用地分别占 40%、28%、17% 和 12%。依上述比例计算，政府土地储备贷款总余额只有 10115 亿元，这显然与事实不符。在商业银行的统计中，一些地方土地储备贷款被归到了地方融资平台的项目贷款，而另一些地方政府贷款又被划入了公司信贷中。由此看来，政府土地抵押贷款占全部抵押贷款的实际比例要高得多。

根据国家审计署报告，截至 2010 年年底，全国地方政府性债务余额 10.7 万亿元。从债务来源看，以银行贷款为主。在全部地方政府债务余额中，银行贷款为 8.5 万亿元，占 79%，上级财政为 4477.9 亿元，占 4.2%；发行债券 7567.3 亿元，占 7.1%；其他单位和个人借款 1 万亿元，占 9.8%。部分地方的债务偿还对土地出让收入的依赖较大。2010 年年底，地方政府负有偿还责任的债务余额中，承诺用土地出让收入作为偿债来源的债务余额为 25473.5 亿元，占当年全部地方政府债务的 24%。1997 年以来，我国地方政府性债务规模随着经济社会发展逐年增长。根据报告中提供的分阶段债务平均增长率，可以计算 2001—2010 年地方政府债务规模，并根据 2010 年与土地相关债务占全部债务的比例计算出各年与土地相关债务量，如图 7-4 所示。到 2010 年，与土地相关政府债务达到 2.5 万亿元。

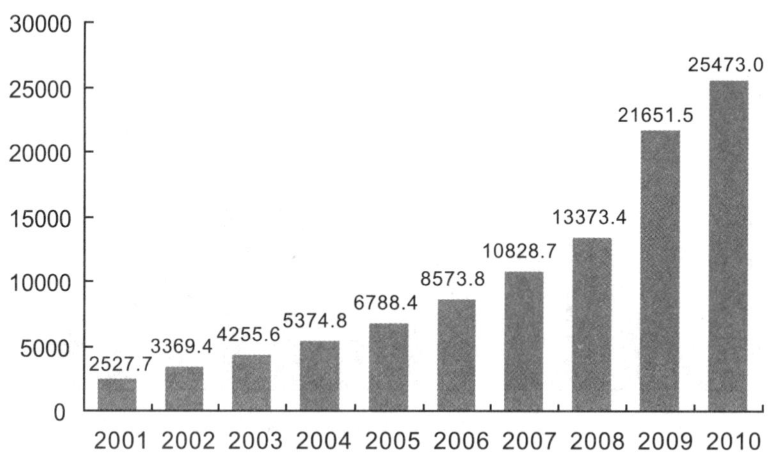

图 7-4　地方政府与土地相关债务余额（亿元）

资料来源：根据国家审计署报告计算。

2010 年以后，金融监管部门严控地方政府融资平台贷款，与政府有关的中长期贷款增速出现明显下降，那么地方政府债务增速是否也会同步下降呢。实际上，又有一些新的因素影响到地方政府债务融资。第一，城投债的发行快速扩容。2009—2011 年，发行量分别达到 1530 亿元、2970 亿元和 3644 亿元。2012 年城投债发行出现井喷，全年达到 1.26 万亿元。第二，委托贷款规模增长迅速，2010—2011 年的增加额都超过了 1 万亿元，其中许多直接贷给了地方政府投资公司。第三，信托贷款大幅度增长。其中，信托公司与地方融资平台进行了大量合作。截至 2013 年 1 季度末，信托对政府主导的基础产业配置比例为 25.8%，即在 8.7 万亿元信托资产规模中占据了 2.1 万亿元。①

表 7–2　各类金融工具当年融资额（亿元）

	2008	2009	2010	2011	2012
城投债券	720	1530	2970	3644	12600
委托贷款	4261.9	6766.2	11004.7	12960	12837
信托贷款	3162	4369.9	3761.1	2013	12888

资料来源：各年《中国货币政策执行报告》，中国人民银行货币政策分析小组。

①《地方极度缺钱转道信托》，新华网，2013年5月12日。

由此可见，2010年以后，地方政府债务规模并没有因为银行表内业务的缩减而明显收缩。2011—2013年的增幅仍然不低。1996—2010年，地方政府债务余额年均增长30%以上，我们以15%计算，2011—2012年，地方政府债务余额分别达到12.3万亿、14万亿。以土地相关债务占当年全部地方政府债务的24%计算，2011—2012年，与土地相关政府债务分别达到2.9万亿元和3.4万亿元。

四、土地财政的作用与效应

土地财政是我国经济快速增长的主要动因。人口红利、改革红利、开放红利是推动中国经济长期快速增长的主要因素。不过，不容忽略的是，土地红利也是助推中国经济增长的动因之一，其效果甚至不亚于其他因素。我们也可以把土地红利算作一种制度红利，因为如果没有我国特有的土地制度的支撑，土地财政就不会有这样大的能量，成为推动中国城镇化跨越发展的主要力量。原因在于：第一，在征地和出让环节上的独家垄断，使得地方政府能够以相对廉价的方式征收大量的建设用地，并通过出让积累起大量的建设资金。第二，地方政府先征地、后整理、再出让的方式运作土地，使级差地租的主要部分留在了政府手中，可以用于满足道路、学校、图书馆等公共投资的需要。第三，普遍通过城镇化和工业化用地价格的双轨制，即用房地产用地高价出让补贴工业用地低价出让，促进了各类产业园区的发展，使得中国产品在国际上保持了竞争力。

土地财政是地方政府融资体系的重要引擎。20世纪90年代中后期以来，我国已经形成了较为完备的地方政府融资模式，这一模式可以概括为：土地财政+政府融资平台+政府背景贷款的组合。在基本模式下，土地财政是引擎，融资平台是枢纽，政府背景贷款是源泉，三者互为依托，彼此支撑，形成了一个相对稳定的融资结构体系。在地方可支配财力有限的情况下，没有土地收益，这一基本融资模式就失去了存在的动力基础。政府通常会把政府资产尤其是土地使用权无偿划拨给融资平台，由融资平台向商业银行进行抵押贷款，并运用贷款资金和其他资金进行土地开发或项目建设，获得项目和土地增值收益，并归还贷款。由于政府直接投入和未来还款承诺都是以土地为基础的，随着土地收益的不断增加，注入融资平台的资金规模也不断扩大，这从根本上增加了融资平台的资本实力，即使杠杆率不提高，也会扩大银行资金的投入规模。土地收益为城市建设提供了资金保障和融资便利，实现了土地开发、银行信贷和城市建设的互动。

土地财政拓展了地方政府融资制度和政策空间。现有法律法规对地方政府融资有着许多的限制，以土地财政为核心的地方政府基本融资模式是被逼无奈和夹缝中求发展的结果。土地财政实现了土地资源向资本、资产和资金的转变，为融资平台的债务融资及其还本付息创造了条件，城市建设融资渠道由窄变宽，融资工具由少变多，融资方式由旧变新，融资空间由小变大。土地财政成功绕开了现行体制与政策的障碍，实现了政府的融资、投资和建设的目标。正如监管部门提到的，“不能不说，地方融资平台是地方政府天才般的创造，是在市场化融资正门不开情况下，地方政府创造出的一条路。相当于地方政府把一个（融资）小窗户弄成一扇（融资）门。”[①]

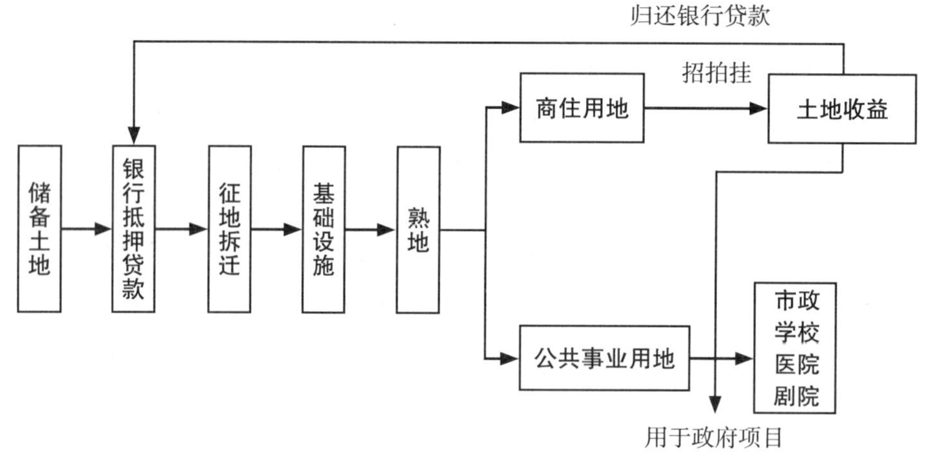

图 7-5　土地财政的流程

必须充分肯定土地财政对于加速推进我国城市化和工业化的积极作用。这一制度安排大大减少了其他国家由于土地私有化以及地方政府在土地开发中的弱势地位带来的扯皮和效率低下问题，使得我国的城镇化和工业化可以更高效、有序地向前推进，地方政府有条件、有手段大规模、一揽子地推进城镇建设，使城镇面貌不断发生着变化。当前以及未来相当长阶段，土地财政仍然是我国经济保持平稳、快速增长的重要依托。土地财政利大于弊，应当坚持和完

① 陈昆才、蒋云翔：《地方政府融资要“开正门”》，《21世纪经济报道》2009年9月22日。

善，应当发挥其优势，而不应当彻底否定。

五、土地财政的不可持续问题

土地财政在推动经济与社会发展的同时，也带来了许多风险问题，表现出现有体制与政策的不可持续性。

（一）土地财政推高了城市房价，在很大程度上降低了居民的消费能力和幸福指数。2000—2011 年，全国综合地价的水平涨了 297%，商业地价的水平涨了 309%，居住用地的价格上涨 528%。地价上涨速度甚至超过了房价上涨速度，以广东省经营性土地价格为例，2012 年，平均楼面地价为 3279 元 /m^2，是 2004 年 690 元 /m^2 的 4.8 倍。而 2012 年广东商品住宅成交均价为 7668 元 /m^2，是 2004 年的 2.5 倍。地价在过去 8 年远远跑赢房价，带来的直接影响是：商品房的开发成本将进一步攀升。全国市场中土地成本占商品房开发成本的比例约为 30—40%，未来这一比例将提高至 50—60%。在一线城市中，土地成本未来将占开发成本的 70% 以上。[①] 由于在土地一级市场上，地方政府居于独家垄断地位，以计划经济的低价征地，又按市场经济的高价出让，地方政府能够在这种“低吸高抛”中赚取价差。因此，地方政府普遍存在着推动土地价格尽快上涨的主观动力。另外，房地产开发和交易环节的税费比例也较高，地方政府可以从土地财政中获得丰厚收益。高地价和税费作用于房价，形成房地产市场价格持续上涨，超出了大多数城市居民的承受能力，农民工市民化的门槛显著提高；由此带来的高房贷使得购房者的生活负担加重，抑制了内需的增长，居民幸福指数下降。

（二）土地财政加速了城镇规模扩张步伐，造成了土地资源的浪费性开发。在中国城镇化过程中，一个突出特点是，城镇建成区快速增长，而集聚的人口则明显滞后。按国际公认标准，衡量土地城镇化和人口城镇化关系的城镇用地增长弹性系数，其合理区间在 1 至 1.12 之间。而从 2000—2010 年，我国土地城镇化速率是人口城镇化速率的 1.85 倍，远超过国际标准。如果再考虑人在城市，但是没有城市户籍的人口，不能充分享用城镇用地的情况，实际上土地城镇化的速度还应该更快一些。而根据国土资源部的测算，按照现在土地城镇化的速度，如果让人口城镇化的速度跟上来的话，2010 年城镇化率应该达到

① 赵燕华：《地价跑赢房价 土地要限购？》，《羊城晚报》2013年5月27日。

59%。即人口城镇化率与土地容量相比，大概慢了10%。[①] 可见，由于地方政府需要不断增加的财政收入来支撑当地的城市建设，而财政收入的增加又依赖于土地出让收益，促使地方政府无节制地扩张城市用地规模，造成大量征用的农地闲置，或者即便是城市已经建起来了，但是，缺乏足够的人气，形成“空城”或“死城”，导致土地资源的严重浪费。

（三）征地补偿方式和收益分配不合理，造成了农民利益受损和民怨增加。我国法定的征地补偿标准远低于土地市场价格，政府往往以支付较低的补偿费获得土地，再以很高的土地使用权出让金转入市场，由此所形成的增值是巨大的。但是，失地的集体组织和农民却不能从增值中获利。法定的征地补偿远远不足以解决被征地农民的长远生计。由于城市繁荣带来土地出让收益大幅度增加，与征地补偿费用的差距逐步扩大，引起了失地农民的强烈不满。即便是将更多的土地收益留给被征地的农民。但是，给农民补偿多少合适，以及采取什么样的安置方式，仍然是一个十分复杂，甚至是无解的难题。这其中既牵扯到公益性与非公益性用途难以区分，补偿标准难以确定的问题；也牵扯到政府可能会利用公权和信息优势，故意压低补偿标准，造成更多社会矛盾的问题；还牵扯到土地增值收益的分配比例是主导城市化的政府得的多，还是丧失土地的农户得的多，远离城市的农民是否也要分享这一收益等等理论分歧。可见，在补偿标准上下功夫无法从根本上改变农民在征地过程中的弱势地位，无法有效约束地方政府的行为，仍然会源源不断地产生各种问题，是治标不治本的办法。

（四）土地出让收入使用方向不能完全反映民意，成为地方政府官员竞争攀比的工具。土地财政收益是否真正用于社会和公众最需要的领域也是值得思考的问题。土地财政收入俨然已经成为地方政府可以随意支配的资金，无论是中央政府还是当地民众，对土地财政收入的使用都缺乏有效的监督与制约。近年来，地方政府土地收益迅速增加，政绩工程和形象工程也越搞越多，城市建设相互攀比，求新求洋求大。对于普通民众而言，他们并没有明显感受到巨额土地财政增加带来的公共福利提升，看到的却是各地政府办公大楼的拔地而起。地方政府官员在城市建设过程中，只重地面以上建筑的光鲜靓丽，而忽视地下基础设施的建设和功能完善。这些年，一些城市因为一场暴雨造成城区大面积积水、交通瘫痪的情况屡有发生，说明城市排水管线系统普遍发展滞后。

---

① 《土地城镇化快于人口城镇化难持续 转轨思路显现》，财新网-新世纪，2012年4月16日。

以广州为例，城内排水管网6000多公里，但是，80%的管网只能达一年一遇排水标准（即可抵御50毫米/小时的短时强降雨），达两年一遇标准的管网不足一成。长期以来，城市保障性住房供应严重不足。到2006年年底，全国保障性住房户数只占城镇家庭户数的3%。可见，城市政府每年获得的土地收益并未用在城市最急需的地方。

（五）土地财政模式无形中放大了地方政府的债务负担，加剧了财政和金融风险。如前所述，土地财政增加了地方政府的可支配财力，使之有更大的能力进行举债。因此，土地财政收益增长快、土地升值空间大的地区，城市政府债务规模的膨胀速度也相对较快。但是，通过土地抵押进行的债务融资规模必须要与地方政府的可支付财力相匹配。根据国家审计署的最新资料，2012年年底，4个省本级、17个省会城市本级承诺以土地出让收入为偿债来源的债务余额7746.9亿元，占这些地区政府负有偿还责任债务余额的54.6%，比2010年增长1183.9亿元，占比提高了3.6%；而上述地区2012年土地出让收入比2010年减少135亿元，降低2.8%，扣除成本性支出和按国家规定提取的各项收入后的可支配土地出让收入减少179.5亿元，降低8.8%。这些地区2012年以土地出让收入为偿债来源的债务需偿还本息2315.73亿元，为当年可支配土地出让收入的1.25倍。[①] 另外，由于国际金融危机影响及其经济下行风险加大，以及国家严厉调控房价过快上涨，造成房地产市场的低迷，土地出让规模和价格都有所下降，也很大程度上影响到地方政府土地收益的稳定性。由此造成地方政府与土地相关的债务风险有所增加。

六、国外土地财政模式及启示

从国外的情况看，政府或以土地所有者的身份，或以公共管理者的身份，通过各种方式或名义获取土地收益从来就没有停止过。土地财政是财政收支的重要组成部分，也是支撑城市建设的重要工具。

（一）出售和出租一直是土地财政的重要方式

在美国、加拿大等国家，各级政府都有自己的土地财产，可以出售土地所有权给其他层级政府或私人部门，获取地价收益。如美国独立后，政府就有计

① 国家审计署：《36个地方政府本级政府性债务审计结果》，2013年6月10日。

划地把国有土地卖给私人。联邦政府及其支持的事业由此获得相当可观的经济收入，整个国家的经济也由此得到突飞猛进的发展。1862 年，美国国会通过《莫尼尔授地法案》（Morrill Land Grant Act），向每个州拨付了 30000 英亩的联邦土地给州政府，要求其用出售这些土地所得的钱至少建立一个学院，今天美国的很多州立大学都是授地学院。美国 19 世纪快速发展的铁路网也得益于给铁路公司的联邦土地补助，到 1873 年，联邦政府一共划拨或赠与铁路建设大约 16 亿英亩（25 万平方公里）土地。[①]

出租土地使用权也是发达国家获取土地收益的最常见方式。在新加坡，法律明确规定不准出卖国有土地所有权，但可以出租土地使用权，并获取租金收益。在澳大利亚，政府向企业、单位及个人提供土地的一个重要方式也是出租土地。在以色列，作为集中管理国有土地惟一机构的以色列土地管理局一般不出售土地，只能通过出租形式获取租金收益，而且一般只出租已规划用地供租用者开发建设。在发达国家，政府按照土地的用途，对公有土地的出租分别采取无限期、长期及短期三种方式，但是，租期一般相当长，长的达到 200 年，即便是短租，期限也能长达 30 年。

（二）政府征地体现公益且大多按照市场价格

在许多国家，政府为了纯粹的公共目的而需要土地，如进行城市基础设施和公共事业的建设等，可通过一定的法律形式和法律程序对所需的私有土地进行征用。如美国、澳大利亚、新加坡等国家都制定了相应的土地使用（征用）法。法律规定，凡是公共目的所需要的土地，原土地所有者和使用者应该转让给政府。如果原土地所有者不配合，则政府可以行使土地征用权，将其征为国有，但是其价格必须得到补偿，也就是说，征用带有一定的强制性，但并不是无偿划拨，而是一种交换。征用土地的补偿价格视各国的具体情况而有所不同，在美国和加拿大，政府征地价格同土地市场价格不相上下。而对于经营性用地，政府是不参与征地的，而是由开发商自己谈判获得。

（三）经历了出售（出租）为主向税收为主转变

发达国家土地财政收益由出售（出租）收入为主转为税收为主，是由于土地的私有化进程逐步完成。以美国为例，独立之初，美国财政入不敷出，为迅

① 约翰·M·利维：《现代城市规划》，中国人民大学出版社2003年版，第310—311页。

速增加联邦及州政府的财政收入，通过一系列土地法案将西部土地收归国有，再通过出售和赠予等手段将这些土地转为私有，从而获得土地出售收益。1785年和1787年，美国先后出台法令，将约占美国本土面积近90%的国有土地投入市场。20世纪初以后，美国土地出售收益基本消失。因为，这一时期国有土地比例尽管还高达40%，但主要用于资源环境的保护与公益服务；用于经济建设的土地则基本属于私有土地。此时，地方政府与土地相关的税收收入迅速提高。其他国家的情况也大致如此，当公共设施建设资金缺乏时，政府就可能出让公有土地，因此，出售（出租）收益就会越来越少。

（四）土地税收成为地方政府的稳定财源

房产税是各国地方财政稳定而重要的来源。1994年，在OECD国家中，加拿大的财产税占地方税的比重为85.3%，澳大利亚为99.6%，英国和爱尔兰为100%，新西兰为90.2%，荷兰为66.9%，意大利为42.1%。[①] 而在地方财政收入中，财产税的地位更加重要。1942年，美国财产税占地方财政收入的比例高达92.2%，到1977年下降到80%，再到2007年下降到72%。虽然比例呈现下降趋势，但是，财产税仍然是美国地方财政的最主体的税源。在发达国家，全部税收收入中有约10—20%用于了资本性支出，由于税收是混合使用的，我们不知道房产税中有多大比例用于了投资与建设，但是，可以肯定，房产税也是地方政府资本支出的重要来源。除此以外，地方政府还征收某些与土地开发与建设有关的专项税，为资本性支出融资。例如，在美国加州圣何塞市就征收建设和转让税（Construction and Conveyance Tax）、建设消费税（Construction Excise Tax）和建筑物和构筑物建设税（Building and Structure Construction Tax）等税种。

（五）额外收费也可视为土地财政来源

在一些国家，有多种针对不动产征收的额外收费，用来支付当地基础设施建设，包括公共用地贡献和建筑密度优惠。

在一些国家的法律中规定，开发商进行土地开发或建设时，如建工厂、商店或住宅，必须按规划将一部分土地用于公共设施建设，如用于修建道路、上下水、绿地、经济适用房等。土地开发者按规划要求建好后，必须将一定比例

① 财政部财科所：《房地产税费制度对房地产价格变动的影响》，《2010年研究报告》。

的公共设施用地无偿交给政府，由政府所有并进行管理。这种方式没有商量的余地。如在加拿大的安大略省，土地开发商开发土地的5%需留作公共用地，开发完成后，必须无偿归政府所有。在加拿大阿尔伯塔省，开发商贡献出来的小区面积占到新开发土地面积的10%。在不列颠哥伦比亚省，开发商贡献的土地必须用于小学和中学的建设。

地方政府也可能提供建筑密度等方面的优惠，促使开发商能够建设保障房、托儿所、修复历史建筑及提供其他服务项目。在美国，也有“红利”或“激励”分区的作法，即如果开发商愿意容纳一些单元，专门标明提供给中低收入的租房户，那么，政府将同意增加居民区的密度。例如，法律规定在某一特定地带只允许每英亩建筑8个单元，如果保留15%给中低收入的租房户，那么，就可以同意他在每英亩上兴建10个单元。开发商从开发密度上获取规模经济，社区也能在满足中低收入住房方面向预期目标靠近。这种方式有谈判和商量的余地。

（六）政府与土地相关的债务融资很少

对于美国、德国、英国等国来讲，由于土地私有化进程已经完成，地方政府能够用于出让的土地很少，甚至几乎没有，政府能够用于抵押的土地也就很少，所以，政府与土地相关的债务很少；而像新加坡、香港这样的国家（地区），尽管土地所有权属于或大部分属于政府，主要采取批租的形式出让，但是，政府很少参与土地开发，而是由企业进行土地一级和二级开发，所以，地方政府运用土地进行债务融资的情况也很少。

七、我国土地财政的前景

无论是现在还是将来，土地财政都将是地方政府的重要融资模式，但是，由土地财政暴露出的现实和潜在的风险，地方政府融资模式又需要不断调整与优化，探索一条可持续的土地生财道路。

（一）土地供应不会对土地财政产生明显约束

从土地财政的未来发展看，我国土地供应量的约束并不大。由于我国城市化以及在这个过程中人均用地的节约，由于我国还有较大规模的未利用土地可以加以利用，因此，城市建设用地的供给应该是有保障的。根据我们的计算，在城镇化过程中，由于人均建设用地的节约，将能够多出 1.8 万平方公里的建设用地。另外，我国还有 40 多亿亩的未利用土地，其中包括 5.6 亿亩盐碱地，几千万亩滩涂地，完全可以改造出来更多的建设用地。根据对浙江和广东等省的调研情况，各级地方政府手中普遍掌握着大量依法征用的土地。以浙江省为例，截至 2009 年年底，14 个县（市、区）累计预征土地面积 79861 亩，部分县市预征土地的数量占政府现有存量土地总数的 2 倍以上。[①] 广东省的县镇中，1993 年开发区热时征用的土地仍然有大量的预留。

因此，如果城市建设用地仍然由地方政府统一征收，并通过招拍挂形式进行出让，则地方政府仍将可以获得大量的土地出让收益。2001—2012 年，我国国有建设用地实际供应量由 17.8 万公顷增加到 69 万公顷，国有建设用地出让（招标、拍卖、挂牌）面积由 9 万公顷增加到 32.2 万公顷（见图 7-6），有五年的市场出让比例超过了 67%。土地出让价款也由 2001 年的 1296 万元提高到 2012 年的 2.69 亿元，年均增长近 20%。根据《全国土地利用总体规划纲

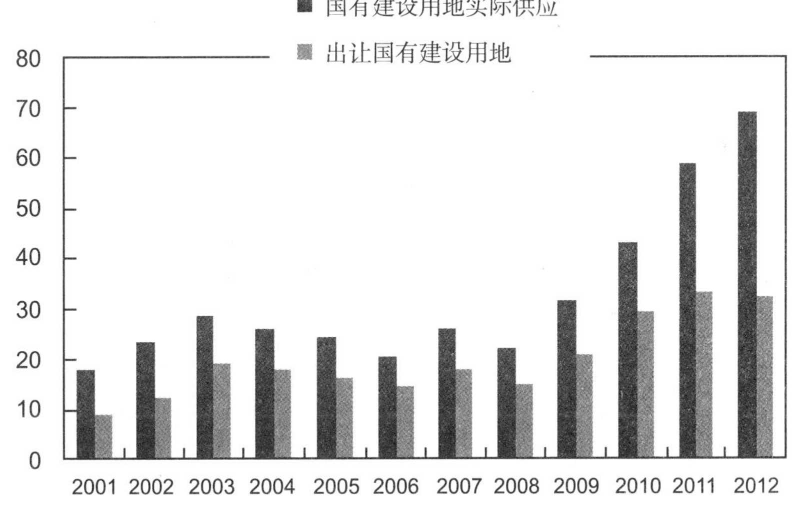

图 7-6　国有建设用地实际供应量和出让建设用地量（万公顷）

资料来源：各年《中国国土资源公报》。

① 杜良文、吴海洋：《地方政府土地经营存在的问题及风险分析》，浙江省审计厅网站，2012年2月13日。

要（2006—2020 年）》，2011—2020 年，国有建设用地实际供应量可以达到 350 万公顷。我们以市场出让比例占 65% 计算，得到未来各年能够出让的国有建设用地面积；再以 8%（预期经济增速）作为未来土地价格的增长率，计算到 2020 年各年的土地价格；最后，得出未来各年土地出让价款，10 年合计为 30 万亿元。这意味着每年地方政府仍能获得 3 万多亿元的土地出让收入。

（二）征地制度改革将削弱地方政府土地财政能力

土地征用是政府为了公共目的而强制取得非国有或非公有土地并给予补偿的一种行为。在许多国家，政府进行城市基础设施和公用事业建设时，可通过一定的法律形式和法律程序对所需的私有土地进行征用，但均明确提出只能为了公共利益的需要。从征用补偿来看，各国也都是站在保障被征地者利益的角度，对由于征地造成的当前和将来的、直接和间接的利益损失进行相当于被征用土地市场价格的赔偿。例如，英国的法律规定征地机构可以依据法律原则强制执行征地，但是，实际上他们的征地过程很少采用这种方式，更多的是采用同土地所有者协商，根据市场价格购买的方式。可见，成熟市场经济国家的征地是在土地产权明晰的基础上进行的，政府的公权受到严格的约束，土地价格由市场决定。

近年来，由于中央政府提高了对失地农民利益的保障水平的要求，地方政府征地拆迁成本已经大幅度增加。2010 年，土地净收益达到峰值的 15714 亿元，之后，2011 年下降到 9536 亿元，2012 年再下降到 5797 亿元。土地财政的边际收益显著下降。未来的改革更加不利于地方政府轻松获得土地及其收益。这些改革可能包括，第一，打破土地制度二元结构的现状，实行农村集体土地和城市建设用地的“同地、同价、同权”；第二，严格界定公益性和经营性建设用地，限制政府行政性征地的范围；第三，非公益性的用地需求通过农村集体建设用地直接进入市场加以解决，而不必经过地方政府的征地环节；第四，对公共目的用地，按市场价进行赔偿。这些改革措施的推进，将使得地方政府很难再通过“低吸高抛”的方式赚取价差，土地出让收入下降局面将会出现。地方政府的土地出让可能变得越来越无利可图。

（三）土地税收及收费在资本性支出中的作用将会提高

在上述改革背景下，土地财政将逐步由出让收入为主向出让收入和税收收入兼备转型。[①]2001—2012 年，我国土地税收占地方财政收入的比例最高也只有 16.6%，全部土地税收占 GDP 的比例平均只有 1%。与发达国家相比，还有较大的上升空间。房产税更是欧美等国县、市以下政府的主要财政来源，与之相比，我国市县政府的税收结构也有较大的调整余地。在我国现有的住房中，有 60% 的房子在房产税征收范围之内。[②]2011 年，全国城镇有 135 亿 m^2 的住宅可以征房产税，平均房价是 5377 元 /m^2，房产税税率是 1.2%，那么住宅部分的房产税可以达到 8700 亿元，加上商业地产已经征收的房产税 1100 亿元，整个房产税规模大体上是 10000 亿元，高于同期土地出让净收益。未来随着住宅面积和房价的稳步增加，房产税有可能逐渐成为地方稳定的主体税种。

从上海、重庆两地房产税征收试点情况看，效果并不明显。2011 年，重庆涉及征收房产税的住宅只有 9400 套，个人住房房产税不足 1 亿元，与该市 2900 亿元的财政收入相比，可以忽略不计。上海应缴纳个人住房房产税的住房接近 2 万套，具体征税金额没有公布，但是，数额也不会太大。在目前减税呼声很大的情况下，将房产税定位于增加地方政府财政收入容易在社会上产生厌恶感，造成政策推动上的难度。更重要的是，目前，房产税的立法程序有争议，征税目标不清晰，制度框架不明确，使得这项政策不可能大范围迅速实施，只能通过渐进的方式推进，时间也将比较漫长。

长期以来，我国地方政府常以本级财政收入难以满足经常性支出需要为名，把建设性支出责任推给上级政府甚至中央政府。如果我们通过法律形式明确了房产税、与土地相关的专项税以及针对房产（财产）的特别收费作为地方政府的主体财源，地方政府就拥有了相对稳定的财源用于城市的建设与运营，这对于地方政府依赖土地出让收入具有较好的替代效应；这种变化也有利于明确地方政府的支出责任，既中央政府可以要求地方政府在一般预算收入中拿出一定比例资金必须用于投资与建设，而不是像目前这样一般预算收入基本都用于了经常性支出（即所谓的吃饭财政）。

成熟市场经济国家通过特殊收费的形式解决公共基础设施和服务的建设资金问题，实际上是利用政府土地利用管理和规划手段，谋取公共利益的最大化。我们同样可以运用这一方法，在私人商业开发的同时，一并获得政府所需

① 注：土地出让收入的性质是土地使用权的价格，即政府凭借土地所有者身份对使用权受让人收取的地租；而土地税收是政府作为社会管理者在土地保有、交易等环节强制征收的，二者一个是“租”、一个是“税”，不存在相互替代的问题。

② 注：根据中国人民大学安体富教授的方法进行计算。

要的公用设施。即开发商进行某一项目的开发，必须要有所“捐赠”，或者在开发项目内建设公园、学校，配建一定量的中低收入者的房屋单元；或者异地投资建设一条道路或交通枢纽；或者直接向政府廉租房项目进行现金捐助。

（四）地方政府将趋于选择更为多样化的融资方式

土地出让净收益的减少，以及土地出让收入受经济波动影响较大，将影响政府土地储备中心或融资平台的还贷能力，从而迫使商业银行加强对土地抵押贷款的控制。2010年，银监会就曾要求商业银行暂停与土地有关的抵押贷款，2012年，监管部门则进一步强调土地储备贷款不得用于城市建设。尽管未来不可能完全取消土地抵押贷款，但是，商业银行将对此类贷款持谨慎态度。现有征地制度的改革也将限制地方政府通过土地抵押获得银行贷款的能力。因为，如果城郊集体土地能够直接入市交易，政府用农用地随行就市，地方政府将无法获得优质的土地资源和收益。在这种情况下，土地财政将难以持续，地方政府也将被迫从依赖土地抵押贷款向运用多元化融资方式转型。

市政债将得到更快的发展。根据公共财政理论，如果赋予地方政府提供本地公共产品的事权，同时也应赋予与之相适应的完整财权，而举债权是规范的分税制下各级政府应有的财权之一。发行市政债有利于转变以土地储备作为抵押支持、以银行信贷为主要资金来源的地方政府融资模式，并将地方政府融资纳入政策与法规的严格监管，增强透明度，构建融资的内在约束机制。发达国家市政债发展与城市化同步。以美国为例，在其城市发展最快的时期，城市建设的大部分资金需要地方自筹，在此背景下，美国市政债券市场得到蓬勃发展，并成为美国州及州以下政府筹集公共性资金的重要渠道。在美国8万多个地方政府中大部分有发行市政债券的权力。目前，发展地方债券市场也已成为新兴工业化、新兴市场的转轨国家及其他一些发展中国家的政策重点。2011年，我国实施地方政府自行发债试点，标志着地方政府发债融资正向规范化方向发展。

公私合作方式将进一步拓展。公私合作伙伴实质上就是形成公私联营的项目结构，其基本特征就是公共部门与私营部门通过“项目合约”共担投资风险、共享投资收益，政府部门主要负责规划、监管、提供政策支持，而私营机构则负责具体的项目运营管理，政府部门的社会职责与私人部门的利益诉求在这一合作中各自都实现了效益的最大化。公私合作在城镇化进程中的应用也可以分为基础设施建设、公用事业提供两个方面。对于新建的基础设施，政府可以采用建设—转让—经营（BTO）、建设—经营—转让（BOT）、建设—拥有—经营（BOO）等形式与民营企业合作。对于已有的基础设施，政府可以通过出售、租赁、运营和维护合同承包等形式与民营企业合作。公用事业领域采用公私合作模式与基础设施领域有类似之处，特别是在污水处理、自来水、煤气、电力和热力供应等方面，采用公私合作的项目，一般可通过使用者付费和政府补贴相结合的方式使投资者能够收回投资并得到合理的投资回报。

城市运营商模式将得到推广。城市运营商在充分把握地方政府战略意图的前提下，充分运用市场化方式和手段，通过开发成片大面积土地，带动城市和区域经济的发展，既以自身经济利益为导向，又注意兼顾长远的社会效益。城市运营商着重于“城”的建设，对社会的参与越来越广泛，除了传统的地产开发与建设外，还涉足物业管理、社区教育、社区文化等领域，是综合考虑城市历史和文化的多样性，公用空间和自然环境整体协调性的开发模式。从这个层面来讲，优秀的城市运营商，已经担当起一个城区“执行官”的重任，直接协助市长们管理、经营一座城市，是城市的组织者和城市文明的有力推动者。推广城市运营商模式，可以打通土地一级和二级市场，在房地产开发的同时，由城市运营商同步完成市政设施建设，从而免去了土地一级开发的成本和招拍挂的复杂程序。从湖南、贵州等地的实践来看，城市运营商减轻了地方政府的债务负担，避免了政府过度参与投资与建设，政府轻松得到了所需要的基础设施。

八、土地财政可持续发展的保障措施

既然土地财政是不可或缺的，因此要正确看待其地位与作用，同时针对存在的问题，要进一步完善制度建设，促进其未来的可持续发展。

第一，促进城市化的健康发展。由于城市土地扩张能够在土地出让金、税收和 GDP 等方面满足地方政府的需要，因此，土地城市化成为我国当今发展的主流。但是，如果仅仅是土地的扩张，到处都是空城或死城，以及昂贵的房价，人口、服务业和工业都难从城市化中获得收益，则城市将会衰败。要加快人口城市化，提高城市的集聚效应，将土地收益更多用于基础设施和保障性住房的开发上，降低生活成本，吸引人口的聚集。

第二，完善政绩考核体系和机制。只有基层民众能够通过“用手投票”的方式决定官员的命运，地方政府的行为才会真正收敛到符合当地民众利益和愿望的轨道上来，即政府出让土地时，会把安居乐业和增加福祉作为优先考虑的发展目标，努力实现城市的长远和可持续增长，而将地价和房价控制在平稳合理的范围内，将房地产税费控制在能够容忍的范围内。从而使土地收益限制在可以基本满足辖区内居民的基础设施和公共服务建设的需要的范围内，而不是越多越好。

第三，明确政府间事权与财力的划分，由宪法或法律明确规定和具体划分中央政府的职能及投资范围、地方政府的职能及投资范围，以及中央与地方政府共同承担的职能及投资范围。促进财力与事权相匹配。应适当“上移”部分地方政府基本公共服务事权。凡属中央和省政府承担的财政支出，中央和省级财政应切实加大财力保障力度，不得转嫁给下级财政。完善财政转移支付制度。提高一般性转移支付规模和比例，规范专项转移支付，建立横向转移支付制度。

第四，严格约束地方政府的投资行为。有人认为，进一步拓宽地方政府融资渠道就可以减少对土地财政的依赖。但是，实际上，面对地方政府日益膨胀的投资需求，再多的融资渠道、再大的资金供给都难以满足。因此，必须严格约束地方政府的投资行为，控制政府投资需求的过快增长。要严格界定政府的投资边界，把政府投资限定在市场失灵的领域。建立符合科学发展观的政绩考核体系，降低经济增长和投资扩张的目标要求。

第五，加大对土地财政资金使用的监督。巨额的土地收益和不透明的支出机制，是土地财政制度的最大弊病，它使得政府官员能够轻而易举地将土地财政资金用于“政绩工程”，用于自己及小集团可以从中获得更多油水的公共工程。要将土地财政资金纳入地方预算管理，定期向全社会公开资金收入和使用的细目。建立投资项目决策听证制度，充分了解社会群体对土地财政资金使用的态度及诉求，使得土地财政资金能够真正用在与民众密切相关的公共服务领域。

第六，建立地方政府的债务监管体系。中央政府应尽快建立全国统一的债务管理制度，从法律上规定地方政府的举债权限、举债方式、管理机构等内容，以规范地方政府举债行为。强化地方债偿还过程的管理，建立债务的监测和预警系统。建立地方财政危机的纠错与危机化解机制，强化对地方财政调整的法律和行政干预，从根本上遏制地方政府无休止借债的冲动。

参考资料：

沙安文、沈春丽：《地方政府与地方财政建设》，中信出版社 2005 年版。

董再平：《地方政府“土地财政”的现状、成因和治理》，《理论导刊》2008 年第 12 期。

陈志勇、陈莉莉：《“土地财政”：缘由与出路》，《财政研究》2010 年第 1 期。

徐德富、涂云龙：《我国地方政府的“土地财政”行为分析》，《理论研究》2007 年 1 月（下）。

日凌：《现行体制下我国“土地财政”问题的解决》，《经济师》2009 年第 5 期。

唐在富：《中国土地财政基本理论研究——土地财政的起源、本质、风险与未来》，《经济经纬》2012 年第 2 期。

刘尚希：《土地财政是高房价的罪魁祸首吗》，《人民论坛》2010 年第 9 期（上）。

武彦民：《中外土地税制比较》，《国土资源报》2001 年 8 月 8 日。

贾康、刘微：《“土地财政”：分析及出路》，《财政研究》2012 年第 1 期。

乔磊：《美国是如何征收房地产税的？为何要收？》，《世界财经报道》2010 年 11 月 6 日。

王克强、刘红梅：《美国土地财政收入发展演化规律研究》，《财政研究》2011 年第 2 期。

徐小慧：《浅析我国房地产税收制度的缺陷及改革》，《商情（教育经济研究）》2008 年第 3 期。

邵绘春：《“土地财政”的风险与对策研究》，《安徽农业科学》2007 年第 35 期。

杨峥：《我国土地财政现状及原因》，http://blog.sina.com.cn/u/1153879262。

财政部财科所：《房地产税费制度对房地产价格变动的影响》，《2010 年研究报告》。

《专家预测：我国人口总量将不会突破 15 亿》，http://www.sina.com.cn，2010 年 5 月 19 日。

《土地解密：政府征地全程解析》，http://biz.163.com，2006 年 2 月 22 日。

《房价里 70% 是政府税费 不改不行》，中国网，2012 年 8 月 15 日。

《学者称房产税规模可达 7000 亿》，《北京晨报》2010 年 6 月 25 日。

《中国超亿亩损毁土地待复垦 每年新损毁几百万亩》，《法制日报》2012 年 9 月 3 日。

《2012 中国国土资源公报》。

《全国土地利用总体规划纲要（2006—2020 年）》。

约翰 • M • 利维：《现代城市规划》，中国人民大学出版社 2003 年版。

第八章　国外地方政府债务融资的经验及启示

2008年年底以来，我国地方政府投融资平台快速发展，债务余额迅速攀升。在经济发展方式转变和城市化加快发展的关键时期，我们有必要学习国外地方政府债务管理的先进经验，完善本国的地方债务管理，保障地方政府债务的可持续性。本文阐释了国外地方政府融资的“双刃剑”作用，分析了国外地方政府融资的主要渠道、债务管理模式和债务风险管理制度，并在此基础上，得出了相关的政策建议。

一、国外地方政府债务融资的两面性

各国经验表明，地方政府债务融资具有“双刃剑”作用：一方面，地方政府举债融资提供公共基础设施有利于实现公共资源配置最优和社会福利最大化，有利于克服信息不对称性和维持代际公平，在工业化和城市化加速发展的特定阶段有利于推动经济增长。另一方面，传统财政预算体制下的预算软约束和对隐性债务的监管不到位会引发地方政府不断扩大举债的道德风险，过高的政府债务会引致经济下滑和通胀风险，甚至引发地方政府债务危机和地方政府破产。

（一）地方政府债务融资的积极性

1. 从职责分工看，地方政府提供辖区内公共物品有利于社会福利最大化

地方政府的基本职能是对本辖区居民提供合格和足量的公共物品。基础设施存在“供给的不可分性”和“配置上规模的初始集聚性”，要求地方政

府成为其主要的投资主体。(罗森斯坦•罗丹，1943)。最优分权模式理论认为，地方政府更接近于自己的民众，更加了解辖区内居民的的效用与公共需求，相比于中央政府，地方政府对本辖区公共资源的配置更有效率，有利于实现社会福利最大化(乔治•施蒂格勒，1957)。财政分权理论认为，基于不同地区人们的偏好不同，中央政府等量分配公共物品不可能达到帕累托最优。因而，让地方政府将一个帕累托有效的产出量提供给其辖区内的居民，总是要比由中央政府向全体居民提供任何特定且一致的产出量有效率得多(瓦勒斯•奥茨，1972)。偏好误识理论认为，由于信息不完全，中央政府在提供公共物品过程中存在着失误的可能性，易造成公共物品的供给过多或供给不足，而由地方政府来提供公共物品，才有可能达到社会福利最大化(理查德•特里希，1981)。

2. 从发展阶段看，政府基础设施投资与工业化和城市化加速发展相辅相成

在工业化和城市化加速发展的特定阶段，地方政府基础设施建设投资对经济增长具有促进作用。根据乘数效应，地方政府对基础设施的投资不仅通过自身的增长推动经济增长，而且可作为一种诱发性投资，将民间部门的生产潜力释放出来，进一步增加全社会产出，使国民财富达到一个较高的水平(罗伯特•M•索洛，1991)。

一国基础设施建设与工业化、城市化进程之间存在着明显的正相关关系。以日本为例，1955—1965年，日本工业化和城市化进程加速发展，货物运输、电力消费等基础设施投资的年均增速分别超过8%和10%，年均经济增速达9%以上(崔成 牛建国，2012)。战后，日本的区域性道路、上下水道、会馆等公共基础设施建设基本上通过地方政府来实施，而中央政府则通过行政干预来实现公共服务的均等化[①]。在发展中国家，快速的城市化导致前所未有的农村人口向城市迁移，这将对大规模城市基础设施投资产生持续需求，这些国家每年平均都要进行约占GDP 3%—4%的基础设施投资，由于在许多国家这一职责已下放到地方政府，因此，地方政府在公共投资领域仍将长期发挥重要作用，地方政府的融资压力也将持续(卡努托 刘丽丽，2010)。

3. 从融资效率看，地方政府为资本性支出适度举债具有合理性

公共基础设施项目建设资金需求量大和跨期融资的特征要求地方政府适

---

① 财政部预算司：《日本中央与地方政府的财政关系》，《经验交流与理论研究》，2008年10月。

度举债以弥补其资金缺口。由于分权化改革，地方政府承担越来越多的基础设施投资责任，为弥补建设资金不足，很多国家的地方政府开始进入资本市场融资[①]。财政联邦主义理论认为，地方政府为其建设性投资进行适度举债具有的合理性：一是债务的期限与资产的经济年限相匹配，符合由不同时期受益者共同承担成本的代际公平原则，便于让当代纳税人接受。二是举债进行公共投资产生的收益一般会超过举债成本。这些收益除了项目本身的现金流外，更重要的是会增强经济增长的潜力、扩大税基并带来政府收入的增加。三是与使用经常性收入分批逐步更新公用设施相比，通过贷款或发行债券一次性更换设备能够节省大量的维护人员和费用。四是经常性收入中可以用于投资的数量比较小，如果缺乏其他资金来源，项目建设周期必然拉长，进而会增加固定成本和资金消耗总量。五是如果投资项目的资金由经常性收入提供，那么对预算资金的需求也会随时间变化，这必然会引起地方税率的非理性波动。六是可以帮助地方有效筹集配套资金。地方政府通常有机会获得中央或多边国际组织的投资基金资助，举债可以作为一种工具，增强地方政府申请这些援助基金的能力。

“用脚投票”理论认为，为实现效用最大化目标，居民在自由流动的前提下会“用脚投票”，迁移到能够提供给他们最满意的公共产品和服务与税收组合的区域居住（查尔斯·蒂伯特，1956）。政府间竞争理论认为，为吸引居民地方政府展开激烈的竞争，在税收收入不足以为其公共品投资充分融资的条件下，举债融资就成为地方政府参与竞争、取得竞争优势的一项重要手段（罗森麦金农，2001）。

（二）地方政府债务融资的风险性

1. 预算软约束引发地方政府过度举债的道德风险

20世纪90年代以来，地方政府债务危机在世界各国频繁爆发，经济学家日益关注地方政府过度举债问题。从事后角度看，上级政府救助陷于财政困境的地方政府能够使整个政府的效率最大化，这导致了地方政府举债中的预算软约束问题（博尔迪尼翁 玛拿西 塔贝里尼，2001）。地方借债的事前激励一旦与中央政府的事后救助或者成本分担行为相结合，就有可能导致地方政府的预算

---

① 财政部预算司：《世界银行专家谈地方政府债务管理理论及国际经验》，《经济研究参考》2009年第43期。

软约束和过度举债行为（雅佳 佐藤，2007）。地方政府债务管理更需要防范道德风险。对中央政府救助的预期会对地方政府举债和偿债行为产生重大影响。市场透明度的欠缺、市场治理的疲软、市场参与者间竞争框架的扭曲以及地方财务管理能力的不足通常会放大道德风险[①]。

2. 地方政府隐性债务将放大财政风险

评估一国财政债务可持续性时，应在考虑政府显性负债的同时考虑隐性负债，从而更全面地了解财政状况和预算约束的实际情况（伊斯特等，2002）。世界银行高级经济学家汉娜 1999 年创造性地提出了“财政风险矩阵”的分析框架，比较系统地阐述了政府的或有负债对财政稳定性构成的巨大威胁。传统的财政预算体制存在财政机会主义的弊端，财政机会主义行为是造成或有债务和财政风险的重要源泉。传统的财政赤字计算方法只是强调了政府显性债务一面，并没有注意到政府资产和隐性债务的变化。当政府被要求降低它的债务积累时，政府将同时降低等量的资产积累或者是增加等量的隐性债务（伊斯特，1999）。

许多国家尤其是发展中国家地方政府往往具有较大的隐性负债。中低收入国家的地方政府经常会通过各种渠道规避中央政府的限制，如设立投融资公司、提供变相担保、安排公私合营、从养老金借款，以及拖欠工资、养老金和供应商欠款等。由于这些地方“准财政实体“的债务风险最终由地方政府兜底。评价地方政府财政状况与债务可持续性，也必须考虑这些隐性负债的影响（海通证券，2011）。

3. 地方政府债务可持续性存在不同临界点

理论和各国实践表明，不同国家之间的债务临界点不同。戈什等（2011）以 23 个发达国家 1970—2007 年的数据进行了实证分析发现，不同国家的债务上限差异很大，债务上限受到该国债务结构的改善、经济增长率以及外部冲击等因素的影响。此外，地方政府的债务上限还因其经济金融的发达程度而有所不同。虽然美国债务率相对较高，但是由于可以利用美元的国际货币地位进行适当的债务货币化，减轻其债务负担。日本政府债务与 GDP 的比例已经超过了 200%，但是由于其债权人主要是国内投资者，且储蓄率较高，因此政府仍然可以在资本市场上以极低的成本筹集资金。相反，经济越不发达

---

① 财政部预算司：《世界银行专家谈地方政府债务管理理论及国际经验》，《经济研究参考》2009年第43期。

的国家，其债务可持续的临界点可能越低。这些国家的政府由于没有发育良好的债券市场，因此常求助于通过货币化政府债务的方式将债券卖给中央银行，货币供给的扩展很容易导致通货膨胀等各种经济问题，最终导致经济恶化，债务无法持续（张春霖，2000）。

确定政府债务风险有关指标的临界值是一项复杂的系统性工程，不应机械地照搬别国的经验，而应根据本国或本地区经济结构、经济增长和效益指标、居民收入分配和消费水平、全社会投资规模和结构合理性、市场体系发育程度、金融深化的程度、国债市场发育状况、财政收支情况、政府管理效率、国债结构与成本—效益状况、应债能力、偿债能力、财政与货币政策目标综合考虑（安国俊，2010）。

4. 地方政府债务过高可能引发经济增长下滑和高通胀

地方政府债务规模过高，即使不发生债务危机，也将对经济发展产生一定的负面影响。债务规模较高时要保证其可持续性，政府就要不断增加税收或者减少支出，这都会使潜在经济增长率降至一个较低水平，经济增速下滑（罗伯特·巴罗，1979）。海通证券研究所（2011）比较了20个发达国家和24个新兴市场国家1946年—2009年的公共债务/GDP、通胀的数据发现：（1）当政府债务 / GDP比例高于90%的时候，发达国家实际经济增速的样本中位数降低1%，平均增速则降低4%。新兴市场国家债务较轻的情况下，GDP增速一般为4%—4.5%，进入较高的债务水平，样本新兴市场国家的GDP增速的中位数降低了2.9%，平均增速更是降到1%的水平。（2）发达国家的公共债务水平与通胀没有明显的关联，但新兴市场国家债务水平越高，通胀水平越高。

5. 财政赤字和债务过快增长将引发地方政府债务危机

20世纪80年代以来，各国地方政府债务危机屡见不鲜。财政债务危机通常发生于政府偿债能力枯竭之时，当地方政府已经到了资不抵债的地步，投资者如果意识到这一点，政府就很难再借到新债（张春霖，2000）。20世纪80—90年代巴西先后爆发了三次地方政府债务危机，1995年比索贬值导致墨西哥许多地方政府陷入债务危机，20世纪90年代末至21世纪初财政赤字的快速增长使得印度许多邦政府一度处于债务危机爆发边缘，1998—2001年间俄罗斯89个区域政府至少有57个发生过债务违约。美国地方政府债务危机和破产也屡见不鲜，截至目前，美国至少有800个大大小小的城市宣布过破产，有关地方政府破产的事例在日本、英国、德国等地也都真实地发生过（徐阳光　周亮，2013 年)。地方政府债务危机造成的损失巨大，会严重损害地方政府提供公共服务的能力。系统性的地方政府破产还会阻碍地方资本市场的发展，减少基础设施融资空间，威胁宏观经济和金融的稳定[①]。

二、国外地方政府融资的主要渠道

（一）政府间财政资金转移

来自各级政府之间的财政资金转移主要包括两个层面：一是纵向财政转移支付，即中央与地方之间的转移支付；二是横向财政转移支付，即地区间的转移支付。来自中央政府的纵向财政转移支付，是大多数国家地方政府融资的一个重要来源。美国多数地方政府可支配收入中来源于上级政府转移支付的比重达 30% 左右。例如，纽约市财政可支配收入中大约有 13% 来自联邦政府的转移支付，20% 来自州政府。2005—2006 年，在英格兰地方政府的资本性支出资金来源结构中，中央政府转移支付和专项投资拨款各占 23% 的比重。此外，横向财政转移支付也是地方政府资金来源的一个渠道。例如，德国实行的是以纵向转移支付为主、横向转移支付为辅的财政转移支付制度。德国的横向转移支付包括各州之间的财政平等化转移支付和州内城镇之间的财政转移支付两个层面，主要通过增值税的预先平衡、财力水平平衡、联邦补助拨款这三个步骤实施，旨在实现地区间的财政均等化。

（二）地方政府的财政收入

一些国家在不同层级政府之间合理配置税源，有助于保障地方政府财政收入的稳定性。对于这些地方政府而言，地方现有的财政收入就为除来自中央政府资金之外重要的项目资金来源。以美国为例，美国州和地方政府一般都有自己独立的税收体系和主体税种，通常州政府以销售税为主体，而地方政府以财产税为主体。2011 财年，美国州和地方政府的财政收入为 27876 亿美元，占美国三级政府（联邦政府、州政府和地方政府）总财政收入的 54.8%。美国州和地方政府财政收入中，所得税（个人所得税和公司所得税）、社会保障税和从

① 财政部预算司：《世界银行专家谈地方政府债务管理理论及国际经验》，《经济研究参考》2009年43期。

价税（消费税和房产税）分别占总财政收入的12%、23.5%和36.1%，三项税收之和占比高达71.5%。

表8–1　2011财年美国州和地方政府财政收入（按来源分）

项目		联邦政府	州政府	地方政府	州和地方政府	总计
金额（十亿美元）	所得税	1272.6	300.7	32.8	333.5	1606.0
	社会保障税	818.8	582.0	73.9	655.9	1474.7
	从价税	129.0	459.6	545.4	1005.0	1134.0
	费用及收费	0.0	181.1	247.8	428.9	428.9
	业务及其他收入	82.5	141.2	215.5	356.7	439.3
	余额	0.5	7.6	0.0	7.6	8.2
	总直接财政收入	2303.5	1672.2	1115.4	2787.6	5091.0
占总财政收入的比值（%）	所得税	55.2	18.0	2.9	12.0	31.5
	社会保障税	35.5	34.8	6.6	23.5	29.0
	从价税	5.6	27.5	48.9	36.1	22.3
	总税收	96.4	80.3	58.5	71.5	82.8

资料来源：usgovernmentrevenue网站

（三）发行地方政府债券

在美国等发达国家，发行地方政府债券是地方政府融资的一个主要途径。地方政府发行债券所筹集的资金主要用于各类城市公共基础设施建设。地方政府债券一般以该地方政府的税收能力作为还本付息的担保。以美国为例，美国的地方政府债券主要以市政债券形式出现。美国各级政府管辖权和管辖范围相对独立，联邦政府很少负责地方的建设拨款。发行市政债券有效弥补了美国地方建设资金的不足。按还债的担保条件不同，美国的市政债券分为一般责任债券和收益债券。一般责任债券是以发行机构的全部声誉和信用为担保并以政府财政税收为支持的债券。收益债券，则是与特定的项目或是特定的税收相联系，其还本付息来自于特定项目的收入或收益。截至2012年年底，美国市政债券规模约占全美债券市场总余额38.2万亿美元的10%，其投资者主要以个人为主，个人直接或间接持有比例高达75%。在日本，地方债券包括地方公债（地方政府直接发行）和地方公企业债（地方特殊的公营企业发行，由地方政府担保）。其中，前者是主体，购买地方公债的主体大多为政府和公共机构，筹集的资金主要用于地方道路建设、地区开发、义务教育设施建设、公营住宅建设、购置公用土地以及其他公用事业。自20世纪90年代以来，波兰、俄罗斯和匈牙利等转轨国家也大量发行市政债券来为城市基础设施建设提供资金支持。此外，由于购买州地方政府债券所获得的利息可免纳中央政府所得税，相当于变相补助了地方政府，从而减轻了地方政府融资成本，并提高了债券的收益率。

（四）银行贷款

利用银行贷款是国外地方政府债务融资的另一个主要途径，包括商业银行贷款、政策性银行贷款、国际性和区域性银行贷款等。在资金使用上，商业银行贷款主要用于经营性项目，政策性银行贷款则针对准经营性公共项目。对于特大型公共项目，则需要利用“银团贷款”，即多家银行（包括商业银行、政策性银行）以及非银行金融机构进行联合贷款。银行贷款融资具有融资金额大、融资速度快、交易费用较低等特点，在大型基础设施建设融资中，往往发挥着重要作用。例如，英国地方政府融资主要来自公共工程贷款委员会（PWLB）和商业银行的贷款。公共工程贷款委员会隶属于英国财政部债务管理办公室，它通过转贷来自国债资金的国家贷款基金为地方政府提供近80%的贷款。而法国地方政府融资几乎全部来自银行贷款。

（五）公共项目投资基金

从各国实践看，投资基金在公共项目建设中发挥着巨大的作用。公共项目投资基金包括两个方面：一是专门投资于项目建设和维护的基金，例如美国的高速公路信托基金（Highway Trust Fund）、内河航道信托投资基金等。美国国会1956年通过《联邦资助公路法案》，规定州际高速公路由联邦政府和州政府按照9∶1的比例出资兴建。其中联邦资金由“高速公路信托资金”提供，该基金的主要做法是使州际高速公路的建设和基金收入挂钩，征收的燃油税、轮胎税和卡车税被专门用来资助建造高速公路和其他联邦政府资助的公路，解决了高速公路建设的资金来源问题。二是将项目投资作为其资产组合一部分且投资范围较为广泛的其他类型基金，如澳大利亚的麦格理基础设施集团基金、各类保险基金和欧美养老基金。

（六）国有资产经营和转让收益

在英、美等国，有大量土地属于国有。如美国国土面积中，32%属于联邦政府所有，10% 归州及地方政府所有。澳大利亚的联邦、州及市三级政府都拥有自己的土地，首都堪培拉市的所有土地都归联邦政府所有。在这些国有土地之上，还有大量的国有资产，包括自然资源和文化娱乐设施等公共资源。因此，土地等国有资产经营收益也是国外政府为其建设项目融资的一个主要来源。从国外经验看，地方政府热衷于"土地融资"并不是我国特有的现象。这主要是由于：通过土地等国有资产的经营或有偿转让来筹集建设资金，对于一个地方政府来说，往往更具吸引力。一是其他的融资方式（例如提高税率、征收新税种、增加项目收费或向金融部门借贷）往往会受到高层级政府的制约。二是政府经营土地，可以使其分享自身公共投资的成果（城市土地的普遍升值），也就是：政府公共投资使城市土地升值，而政府土地经营从土地升值中获得可观收益，再将其用于进一步改善城市投资环境的公共投资，形成良性循环。三是从具体项目看，公路、地铁、机场等公共投资会使周边地块升值，随着城市改造和城市规模的扩大，也会使原来的旧城区或城市边缘地带地价升值，地方政府通过相关地块的销售、租赁，可以筹集相当可观的一部分建设资金。以中国香港为例，香港政府通过 20 世纪 70 年代的公有土地批租获得了从 1970 到 1991 年所有土地增值 39% 的收益，而这些增值收益为 1970—1991 年之间香港的基础设施投资提供了约 55% 的资金（从各年平均看）。据测算，从 1970 年至 2000 年，香港政府通过土地批租共获得 711 亿美元（按 2000 年价格计算）的收益。但过分依赖土地融资，也会使地方政府收入具有较大的波动性，例如，亚洲金融危机时期，1998 年香港政府卖地收入同比下滑 68.7%，土地收益占全部政府收入的比重从 1997 年 34% 降至 1998 年的 11%。

此外，地方政府也可以通过转让经营性国有资产来获得项目资金。例如，澳大利亚墨尔本市通过出售其拥有的城市电力公司，取得 2.6 亿澳元收入，并将这部分收入投资到多个主要的资本项目中去，给市政府带来了巨额商业利润的同时，墨尔本市通过金融资产私有化成为第一个无债务的首府城市。

（七）通过项目融资利用民间资本

20 世纪 80 年代以来，伴随着私有化浪潮和政府管制经济理论的发展，西方发达国家开始采用项目融资方式鼓励私人资本参与公共项目投资。近年来，广泛使用这种项目融资方式，已成为各国地方政府投融资活动中一个重要趋势。项目融资是指以项目的资产、预期收益或权益作抵押取得的一种无追索权或有限追索权的融资或贷款活动。在公用事业项目融资模式中，比较有代表性的有 BOT（建设—经营—移交）、TOT（移交—经营—移交）和 PPP（公私合作伙伴关系）等，这三种模式可衍生出多种项目融资模式，如 BOO（建设—拥有—经营）、BBO（购买—建设—经营）、DBO（设计—建设—经营）、PFI（私人主动融资）等十来种模式。

以 PPP 为例，PPP（公私合作伙伴关系）是指政府部门通过政府采购的形式，与中标单位组成项目公司签订特许权协议，由该公司负责项目的筹建、建设和经营。政府通常与提供贷款的金融机构达成协议，承诺将按照与项目公司签订的合同支付有关费用，从而使项目公司较为顺利地获得金融机构贷款。20 世纪 90 年代以来，许多西方国家在基础设施投资建设中开始大力推行“公私合作伙伴关系（PPP）”这一融资及管理机制。例如，美国的大多数体育场都是采取公私合作联营的方式进行融资。1992 年花费 0.9 亿美元建成的美西球馆，其中菲尼克斯市政府投资占 39%，私人（菲尼克斯市太阳队）投资占 61%，市政府拥有场馆的所有权，并与私人投资方分享一部分经营收益。

恰当地运用公私合作项目融资模式，不仅能减轻地方政府投资的压力，还能够有效提高公共项目的投资效率。例如，在英国的公共投资项目中，只有 30% 的政府直接投资项目按时交付使用，仅有 27% 的这类项目控制在预算之内；而采取 PFI（私人主动融资）的基础设施项目，约 76% 按时交付使用或提前交付使用，并且没有一笔建设花费超支。

三、国外地方政府债务风险管理框架

（一）债务管理模式

地方政府债务管理的核心是中央与地方之间管理职责与权限的划分。一国采用哪种债务管理模式，受到历史文化传统、中央与地方关系、地方政府治理水平、金融市场发育程度、宪法法律和财政制度等多种因素的影响。从世界范围看，按照分权程度由强到弱的标准，总体存在以下四种债务管理模式：

1. 市场约束型

在美国、加拿大、瑞典等国，主要依靠资本市场的市场机制来约束地方政府的借债行为。在该模式中，中央政府不对地方政府的借债设定限制，地方政府根据市场状况自主决定借债的规模、来源和用途。（Ter-Minassian -Craig，1997）和 Lane（1993）指出，市场约束型管理模式需要具备一定的制度基础：一是地方政府作为“市场参与者”并不享有任何特权，与其他市场参与者一样受市场机制的约束。二是资本市场是有效的，不存在“信息不对称性”，市场参与者享有同等信息，地方政府作为融资方的相关信息都是可获得的。三是市场参与者，包括地方政府，参与市场的行为均是理性的。四是地方政府有专门的部门负责市场信息搜集到借款政策的传导，对市场信号能有足够的政策反映。

2. 行政限制型

在一些国家，中央政府可以运用行政手段控制地方政府的举债行为。这些控制措施包括：年度总债务规模限制（如立陶宛）、不准地方政府举外债的规定（如墨西哥）、对每笔债务（包括借贷期限、借贷条件）的严格审批（如印度、玻利维亚、2006 财年前的日本）、中央代借和代发地方政府债务（如拉脱维亚、印度尼西亚）。这种模式能在保持财政政策灵活性的同时，严格管理地方政府借贷行为，降低地方债务风险。但是，地方债务的中央审批隐含着中央对地方公共债务的隐形担保，从而降低了地方政府举债时的自我约束性。另外，中央对地方项目与发展需求缺乏了解，也易导致效率损失，例如，地方上报的好项目可能得不到通过，中央选择的只是地方上报的一堆项目中效益中等的一个。

3. 规则调控型

中央政府还可以通过制定宪法法律和财政制度来调控地方政府的借贷行为。财政制度是广义政治宪章的一部分（布坎南，1999），很多国家都在《宪法》和《基本法》中规定财政活动的原则和机制。如美国的《证券交易法》、《税收改革法案》、《破产法》以及各州法律等均对地方政府债务管理作出了相应规定。这些规则调控型措施包括：对总预算赤字的限制（澳大利亚、西班牙，对运营预算赤字的限制（挪威），规定债务偿还能力（西班牙、日本、韩国、巴西），地方债累积规模（匈牙利），政府支出水平（德国、比利时）等方面的指标。此外，马斯格雷夫的“黄金规则”不设定举债上限，但规定除短期债务以外，地方政府举债只能用于基础性和公益性资本项目支出，不能用于经常性支出（德国）。此种模式有助于规范地方政府的财政行为，保证地方政府在投融资活动中运用公共选择和民主监督机制，提高财政政策的稳定度与可靠性，使其朝着民主化和规范化的方向发展。

但是实际操作中，遵守规则与灵活变通之间难以兼顾和协调。严格而普遍适用的财政规则减少了遇到非常情况（如经济突然下滑）时机动调整的空间。

此外，灵活的带有例外条款的财政规则可能会导致政策可信度的缺乏，地方政府能较容易地“逃脱”规则的监管。比如，地方政府可能将某些经常支出划入资本性支出来规避对经常性平衡的约束，或者用增加预算外或准政府机构（如地方政府拥有的企业）债务来逃避监管。例如，在丹麦，地方政府曾采取“先出售、再租回”的办法来逃避规则中的借贷限制，迫使中央政府修改了对借贷的界定，将“变相借贷”的融资租赁行为纳入其中。

4. 协商混合型

不少欧洲国家、澳大利亚和日本（2006 财年以来）采取了协商混合型的管理模式。在该模式中，对地方政府债务的管制是由联邦政府与地方政府经过共同协商而实现的。地方政府积极介入中央对宏观经济目标、主要财政参数的制定，中央与地方达成关于政府总财政赤字、收入与支出的主要项目等方面的共识，然后，在此基础上共同协商对各地方政府融资需求的限制。如澳大利亚，贷款委员会（1929 年成立，由联邦政府财长与各州政府首脑或财长组成）通过共同协商来决定联邦政府和各个州政府下一年度的融资额度。

（二）债务风险管理制度

1. 合理界定不同层级政府之间的财权和事权

发达国家对各级政府之间的财权和事权往往有较为合理界定。首先，合理界定“财权”。地方政府作为地方性公共投资的主要承担者，应拥有与其事权相匹配的财权和税收自主权，如根据其需求增加或减少某些税费。如果地方政府在征集自有收入方面没有被赋予足够的自主权，那么地方政府为了维持其公共支出与投资需求，就可能不得不依赖外部融资渠道，采取各种形式进行债务融资，从而导致地方政府的债务规模不断增加，财政风险加大。

其次，合理界定“事权”。只有当中央与地方政府责任边界界定清楚后，地方政府才会真正把财政风险作为其投融资决策的一个重要影响因素。如果责权界定不清，地方政府就会自恃有中央财政“兜底”，而产生盲目举债的冲动。例如，日本地方政府不断面临破产危机的一个重要原因就是中央政府对地方债务存在着隐性担保。据不完全统计，日本共有 884 个地方政府宣布破产，但其债务从来没有被豁免，而是由中央政府偿还。这使得银行不论地方政府财政状况如何，都愿意向其提供贷款。

2. 强化地方政府的投资规划和预算管理制度

强化对地方政府的投资规划和预算管理，有利于规范地方政府财政收支和防止地方政府过度负债。例如，美国的不少地方政府都会依据本地区的财政和金融问题以及解决问题的资金来源构成情况，来制定一项长期的资本改善规划（CIP），以缓解地方财政预算的支出压力。此次金融危机爆发后，美国联邦政府签署的“美国复兴与振兴投资法令”，明确了联邦政府在未来几年将加大对基础设施投入的方针。同时，为保证地方政府投资的稳定增长，并促进投资效率的提高，美国政府还采取了一系列政策措施，强调要完善地方政府的投资规划，例如，开始进行地方财力可支付评价，测算其资金缺口；对各类投资项目的优先性进行测评，以保证地方投资项目社会经济效益的最大化。此外，美国已形成一套比较规范的地方债预算制度，几乎各州的法律都要求实行财政平衡预算。一般先由州长递交平衡预算执行议案，经过州立法机构通过后，再由州长签署发布实施。又如日本，中央政府每年都编制地方政府债务计划，包括地方政府债务发行总额、用途、发行方式等，可以有效防止地方债规模过度膨胀。

3. 建立债务风险评价和预警机制

建立债务风险评价指标体系与风险预警机制是世界各国管理地方政府债务采取的较为普遍的手段。债务风险评价指标体系包括需求控制指标和供给控制指标两个方面，前者主要约束作为借款需求方的地方政府，后者旨在规范银行及非银行金融机构发放政府贷款的行为。债务风险预警机制，是指根据风险管理目标，对各种债务风险进行识别，进行定性与定量分析，将结果汇总提交风险监控系统；依据风险控制标准，对出现问题的地方政府发出警告，寻找风险根源，提出纠正与化解措施，实现地方政府债务风险最小化和可持续融资。

债务风险评价指标体系中的需求控制指标主要包括：负债率、债务率、新增债务率、资产负债率、利息支出率、偿债率、担保债务率、债务依存度等。这些指标与债务风险的关系一般呈正比例关系，即随着指标数值的增大，地方政府面临的债务风险加大，反之则反。具体而言：1. 负债率。一般国际公认的一国政府负债率的警戒线为 20%，但对于地方政府举借的内债，由于国情不同和口径差别而有所差异，如美国规定州和地方政府政府的负债率警戒线在 13%—16% 之间，加拿大则规定不得超过 25%。2. 债务率。国际上没有统一标准，但从各国实践看一般警戒线为 100%，如美国规定州和地方政府债务率警戒线为 90%—120%，巴西规定州政府债务率小于 200%、市政府债务率小于 120%，哥伦比亚规定不得超过 80%。3. 新增债务率。日本规定新增债务率不得超过 9%，巴西规定新增债务率（新增债务额 / 政府净收入）不得超过 18%。4. 资产负债率。美国北卡罗莱那州规定州地方政府的资产负债率不得高于 8%，新西兰规定不得超过 10%。5. 利息支出率。新西兰规定利息支出率（净利息支出 / 财政收入）要小于 15% 和利息支出率（净利息支出 / 地方税收收入）要小于 20%，哥伦比亚规定利息支出率（债务利息支出 / 经常性盈余）在 40% 以内。6. 偿债率。美国马萨诸塞州规定州政府一般责任债券的还本付息支出不得超过其财政支出的 10%，波兰规定年度偿债额加担保债务额不得超过当年税收收入的 15%。7. 担保债务率。巴西规定担保债务比重（政府担保余额 / 经常性净收入）必须低于 22%，哥伦比亚规定为 150%。8. 债务依存度。日本规定债务依存度（公债 / 一般财政支出）在 20% 以上的地方政府，不得发行基础设施建设债券，20%—30% 之间的地方政府不得发行一般事业债券；俄罗斯规定债务依存度（年地方借款 / 预算支出）不得高于 15%。

表 8–2　需求控制的主要债务风险指标

指标	公式	经济含义
负债率	年末政府债务余额 / 当年地方 GDP	反映地方经济总规模对政府债务的承载能力
债务率	年末政府债务余额 / 当年财政收入	反映地方政府通过动用当期财政收入满足偿债需求的能力
新增债务率	当年新增债务额 / 当年财政收入增量	反映地方政府当期财政收入增量对新增债务的保障能力
资产负债率	年末政府债务额 / 年末政府资产额	反映地方政府的资产负债结构及其总体风险状况
利息支出率	当年利息支出额 / 当年财政收入	反映地方政府通过动用当期财政收入支付债务利息的程度
偿债率	当年债务还本付息额 / 当年财政收入	反映地方政府当期财政收入中用于偿还债务本息的比重
担保债务率	年末担保债务余额 / 当年财政收入	反映地方政府以当期财政收入对其债务做担保的风险
债务依存度	当年举借债务数额 /（当年财政支出 + 当年债务还本付息额）	反映当年地方政府财政支出对借款的依赖程度

债务风险评价指标体系中的供给控制指标主要有三种：1. 限制可提供政府贷款的银行范围。如俄罗斯规定地方自有银行不得为地方政府贷款，巴西规定国有与地方政府所属银行不能发放政府贷款。2. 限制地方政府债务余额占银行净资产比重。巴西规定地方政府债务余额不得高于银行净资产的 45%，波兰规定商业银行投资某一市政债券金额不得高于其资产规模的 25%。3. 规定金融机构应配合政府实施需求控制。巴西规定各银行禁止向违规举债、突破赤字上限或无法偿还联邦政府或银行借款的州政府贷款，哥伦比亚规定地方政府没有履行偿债义务时，即使有第三方担保，银行也有权不对其提供贷款。

债务风险预警机制方面，目前，从各国的实践看，比较典型的有美国俄亥俄州预警模式和哥伦比亚“红绿灯”预警模式。1. 俄亥俄州预警模式，即通过地方财政监测系统监测地方财政安全状况，防止债务危机发生。州审计局负责实施财政监测计划，如果地方政府的财政状况不断恶化，就将进入财政紧急状态。届时，该州将建立一个“财务筹划与监督委员会”来接管当地的财政管理权。在委员会举行第 1 次会议后的 120 天内，该地方负责人（同时为委员会成员）将提交一份化解危机的财政整顿计划。委员会将监督该地方政府财政整顿计划的执行情况，并协助其进行债务重组。2. 哥伦比亚“红绿灯”预警模式。2003 年哥伦比亚采用“红绿灯”预警模式而取消原先使用的“红黄绿灯”模式中的黄灯类别。新预警模式对地方政府的借款限制更为严格，将每个地方政府的债务与利息支出率和债务率相挂钩。若债务利息支出率小于 40% 且债务率小于 80%，则处于绿灯区，允许地方政府进一步举债；否则，就处于红灯区，禁止地方政府继续举债。

4. 引入第三方信用评级机构评级机制

在欧美，商业性信用评级制度十分健全，标准普尔、穆迪、惠誉这三大独立性评级机构几乎垄断了国际信用评级市场，地方政府的债券等级也要引入至少其中一家评级公司来评定。例如，美国州地政府公债的信用等级至少要由穆迪和标准普尔两家私人信用评级公司中的一家来评定。评级机构主要评估地方政府债务情况的四个方面基本信息：发行人总体债务结构，发行人坚持稳健预算政策的能力和行政纪律，发行人可获得的地方税和间接收入以及有关税收征收率和地方预算对特定收入来源的依赖程度的历史记录，发行人所处的整体社会经济环境。第三方独立评级机构对地方政府的财政管理特别是资产负债管理状况进行专业而全面的评价，是对政府内部审计部门评价的重要补充。

地方政府信用级别对地方政府债券的发行、融资成本和流通性都有重大影响。一是信用评级有助于财政状况良好的地方政府更容易地进入资本市场，更易得到金融机构等大型机构投资者的融资，并降低融资成本。二是评级有助于解决借贷双方的信息不对称性，加强市场参与者对地方政府财务状况的了解，降低债务融资的风险性。三是评级有助于利用债券市场机制倒逼地方政府改善其财务状况。地方政府财政状况越差，债券评级越低，利息溢价越高，融资成本越高，市场销售和流动性越差，为取得进一步融资，地方政府不得不改善财务状况。

5. 建立强有力的市场约束机制

从各国经验看，加强市场约束机制有利于地方政府自主、理性地决定举债的规模和来源结构，并合理安排资金投向。反之，如果地方政府不能充分利用资本市场进行融资，转而依赖于中央政府的拨款和援助，则会造成地方政府不断扩大债务规模的道德风险问题。例如，1990 年，墨西哥联邦政府对地方政府融资体制进行了相关改革，其目的是让地方政府成为风险自担的债务主体，中央不再给地方政府的风险“兜底”。没有了中央政府的隐性担保，商业银行就会被迫去评价给地方政府贷款的风险，这反过来将迫使地方政府不得不去披露相关信息，由此市场约束机制发挥作用。1998 年墨西哥地方政府债务规模为 16.27 亿比索，占其全部公共债务的 10%，占 GDP 的比重仅为 2%，而同期，阿根廷地方债 /GDP 的比率为 7%，巴西则高达 20%。

6. 建立地方政府危机应对和破产机制

美英日等发达国家，有一套较为完善的地方政府财政危机应对和破产机制。一是建立偿债准备金制度。偿债准备金是地方政府防范财政风险而按当年到期政府债务的一定比例在预算中安排的专项资金。当地方政府不能偿还到期债务时，可先行从偿债准备金中支付，以减少债务风险对地方正常财政运行的冲击。

二是实施财政管理紧急控制。地方政府发生财政危机时，上级政府通过特别控制手段，减轻因地方财政管理不善而导致的经济危害。例如，美国有 20 个州拥有对处于财务危机中的市政府进行帮助和控制的法律条款。当地方政府发生财政紧急状况（如地方政府连续两年无法支付债务或没有充足的资金弥补预算赤字）时，上级政府将建立一个监管委员会对其进行监管和提供技术援助。陷入财政紧急状况的地方政府将和该委员会联合制定一个应对计划，以支付所有债务、应付养老金和其他必须履行的支付项目，同时减少相对次要的预算支出项目，以削减开支。由于监管委员会的介入，该地方政府在一定时期内将丧失更多的地方财政控制权。

三是启动地方政府破产程序。这是地方政府陷入财政危机时采取的常见举措。当地方政府无法偿还到期债务时，破产程序将被启动。从世界各国情况看，地方政府破产法为债权人的追偿提供了一定程度的保护，无偿还能力的地方政府可以通过债务重组、改组或重新筹集资金等方式解决债务问题。与企业和个人的破产立法不同，联邦以下各级政府的破产程序不包括为偿付债权人的债权而清算政府资产的内容。地方政府破产程序的目的是强迫地方政府进行负责的财政行为，而不是关闭地方政府，停止其运行。破产程序实际上是给予地方政府提供了扭转财务困境、恢复财政稳健的时间。

7. 建立全方位多层次的监管体制

发达国家往往有一整套全方位、多层次的管理与监管体制，来规范和约束地方政府的投融资行为。一是制定专门的法律法规和会计准则来规范地方政府的举债行为。如美国有些州规定：债券要首先用于改进公用事业的长期项目，大宗发行债券需要投票表决。不少州还要求债券按系列发行，每一种债券的期限不得超过项目估计的寿命周期，每一种债券的收益都必须计入专项基金，并不得与政府其他基金混在一起。

二是设立专门的风险监管机构。在中央一级，有专门的风险调控机构进行调控、管理；有专门、独立的风险监管机构——例如，总审计署、债务管理办公室分别负责其风险的外部与内部监管；在行政部门之外，有国会对政府公共预算进行约束。在美国，设立了美国证券交易委员会市场监管部市政债券办公室和市政债券规则委员会（行业自律组织）两个专业机构来负债市政债券监管。又如，在加拿大、法国、爱尔兰分别设立了财政部金融政策管理局金融市场处、经济与财政部国库司债务管理中心和国库管理署分别负债政府债务监管工作。

三是强化债务透明度和信息披露要求。国外较为成熟的债务监管体制中，都有对债务透明度和信息披露要求。例如，美国、澳大利亚等国建立了较为完整的地方政府债务报告制度，地方政府必须将资本负债状况、债务结构、资金投向、还本付息等信息完整的披露给公众，并严格编制和披露季度报告和年度报告等。又如，巴西的州和市政府每年必须向联邦政府汇报财政账户收支情况，每4个月发布政府债务报告。地方政府的债务交易必须在与各银行联网的国家信息系统中进行登记，信息系统的交易内容对外公开。

四、国外地方政府债务融资的政策启示

2008年年底以来，我国地方政府投融资平台快速发展，各级地方政府投融资平台负债余额迅速攀升，地方债务风险凸显。而当前我国正处在经济发展方式转变和城市化加快发展的关键时期，应充分借鉴国外地方政府债务融资的先进经验，吸取相关教训，实现地方债务的可持续发展。

1. 理顺各级政府间财权和事权，正视地方政府融资需求

国外经验表明，对各级政府的财权事权进行合理划分，有利于明确各级政府的责任和义务。分税制改革以来，我国各级政府的财权和事权的不对称突显。地方政府财力被削弱，但仍承担了大量的公共事务支出，而且中央很多政策扶持项目以及经济刺激计划下达项目往往要求地方按比例配套资金。钱少事多，使得地方政府大量削减民生支出，并通过各种渠道筹集预算外资金，债务负担加重。应该借鉴国外经验，合理界定各级政府的财权和事权，理顺相关的责任和义务。进一步深化财政体制改革，完善转移支付制度，增加地方政府可支配财力。

正视地方政府的融资需求。地方政府是基础设施等公益性项目的主要投资主体。而我国目前仍然处于城市化加快发展阶段，地方政府基础设施的融资需求巨大（特别是中西部的一些“追赶型”地区）。应看到地方政府融资对推动地方经济发展的积极作用，正视其融资需求中的合理性部分。借鉴发达国家经验，改革地方政府投融资体制，为地方政府公共投资开辟更多元、更安全、更有效的融资渠道。

2. 完善地方政府投资规划，加强债务预算管理

保持地方政府投融资的可持续发展，需要加强和完善地方政府的投资规划和管理。加强地方政府的投资规划，明确公共项目决策的民主化决策程序，准确评估各类地方投资项目的优先性和可行性，避免低效、不合理、不合民意的投资项目上马，给公共利益造成损失。加强地方债务的预算管理。将债务预算在法制层面予以强制规定，将政府的全部收支逐步都纳入预算管理，通过编制政府债务预算，提高地方政府部门及相关人员的法律意识、风险意识和责任意识，有效遏制盲目举债乱上项目的现象。

3. 建立地方政府债务法治化运行机制，强化市场机制约束作用

从各国经验看，完善相关法律法规和强化市场机制约束作用，有利于将

地方政府的融资行为引上符合市场运行规则的法治化轨道。应不断完善我国地方政府债务相关的法律法规，推进法制化和民主化改革，推动政府行政体制改革，建立公共服务型政府、依法行政的政府。强化市场机制约束作用，使地方政府能够理性、自主地进行债务决策。大力发展我国债券市场，扩宽地方政府融资渠道。减少中央政府对地方政府债务的隐性担保，让地方政府成为风险自担的债务主体，发挥市场机制的约束作用，防范地方政府不断扩张债务的道德风险。不断推进土地、资本等要素市场化改革，消除要素市场资源配置中的各种体制扭曲。只有这样才能从根本上解决我国地方政府融资中存在的种种问题（包括债务风险问题），建立起规范化、法制化、可持续的地方政府融资长效机制。

4. 正视“土地融资”两面性，将土地财政纳入法制化轨道

从国外经验看，经营国有土地并将收益用于基础设施建设等公共项目投资，不失为地方政府经营城市策略的一个重要手段。从我国近年来的实际经验看，土地融资成为地方政府的主要财源，在很大程度上缓解了地方政府公共投资资金不足的压力，对于改善城市基础设施、推动地方经济发展发挥了十分重要的作用。但是，土地融资中也产生了种种“体制扭曲”，地方政府热衷经营城市，也会增大房地产市场泡沫的风险。应努力解决地方政府既是土地市场的管理者，又是其参与者的问题，使其他利益相关方（如城市居民和失地农民等）共同分享城市土地增值的收益。消除地方政府过分依赖土地融资的种种体制根源，将地方政府的土地财政纳入法治化的轨道上来，使其在充分市场化（而非要素市场“双轨制”）的条件下发挥积极性作用。

5. 创新地方债务融资方式，积极利用社会资本

加快创新地方政府债务融资方式，在基础设施建设中积极引入社会资本，拓展地方政府债务融资渠道。借鉴国外经验，大力发展公共项目投资基金、金融租赁、基础设施收费证券化、次级债券等融资方式，拓宽基础设施融资方式的选择范围。大力发展我国债券市场，建立市政债券市场，完善地方自主发债制度，在试点的基础上，逐步推广地方政府自主发债范围。设立合理的债务偿还期限，使地方债券的期限应与基础设施项目使用期相匹配（根据其预期寿命设定借款期限），以减轻地方政府的现期财政负担。适时推出债券保险制度，使机构和个人投资者可以在地方政府债券出现问题的情况下寻求保险支持，提高投资者投资债券市场的热情。同时，加快地方政府信用评级制度建设，让公众更全面地了解地方政府的各项财政指标状况。大力发展 BOT、TOT 和 PPP

等公共基础设施的项目融资模式，积极引导民间资本和外资进入基础设施项目，建立公共资金与民间资金高效配合机制，降低地方政府的投资压力和项目风险，提高项目运作效率。

6. 加强地方债务风险防范，建立风险评估和预警机制

从需求和供给两方面加强对地方债务的风险防范。制定一系列具体指标以进行量化管理，将债务控制在地方财力的一定范围内，根据发展战略和预算，对各地方的债务规模进行分配。将债务管理纳入到地方政府的绩效和任期经济责任考核当中，加强责任人问责奖惩制度。加强对银行和非银行金融机构风险管控，确定其对地方政府部门及其机构的债务上限，并承担相应的风险。

建立健全地方政府债务风险评估和预警机制。构建一整套适合本国国情的风险评价指标体系，建立债务风险预警机制，进行定性和定量分析，识别各种债务风险因素，寻找风险根源，对出现问题的地方政府发出警告，提出纠正与化解措施，实现地方政府债务风险最小化和融资规模最优化。建立地方政府债务危机应对机制，完善偿债准备金制度，专户管理，专款专用，防患未然，减轻因地方财政管理不善而导致的经济冲击。

7. 构建全方位监管体制，提高债务信息透明度

构建全方位、多层次的地方债务监管体制，提高财政信息透明度，有利于防范地方政府的债务风险。借鉴发达国家经验，改变目前债务多头管理、权责不清的局面，建立起全国统一的地方债管理体系和架构，强化中央政府对地方政府债务的集中统一管理，设立专门的地方政府债务管理机构，监督债务资金使用和偿还，审查地方债务风险状况，纠正对地方政府债务管理的缺位，强化对地方政府债务的监管，规范政府举债和担保行为，提高债务资金的安全性。建立严格实施事前、事中和事后监督制度，建立以人大、财政、人民银行、审计、司法等为一体的全方位的监管体系，对地方政府债务和财政运行情况进行严格的监管。

提高债务信息的透明度，完善财政信息披露制度，有利于约束地方政府扩大债务的风险行为。目前，我国地方政府性债务管理尚缺乏统一的会计核算办法和信息管理系统，对地方债务的披露要求不到位。由于信息不对称，监管者很难有针对性地对地方政府债务实施有效监督，投资者很难把握地方政府债务的真实情况。因此，在尽快完善政府债务核算制度的基础上，加快建立起全国统一的政府性债务信息管理系统和完善信息披露制度，加强地方政府投融资平

台管理，提高其运作的透明度，不断增强地方政府债务规模、来源、资金使用等方面的信息披露，实现地方政府“阳光财政”。

参考资料：

安国俊：《地方政府融资平台风险与政府债务》，《中国金融》2010 年第 7 期。

崔成、牛建国：《日本的基础设施建设及启示》，《中国经贸导刊》2012 年第 22 期。

林勇明：《地方政府融资的国际经验及启示》，《2012 年基础科研经费课题研究报告》（内部报告）。

毛蕾、王海萍：《德国的横向财政转移支付及对我国的启示》，《科技和产业》2006 年第 9 期。

宋立：《地方公共机构债券融资制度的国际比较及启示》，《经济社会体制比较》2005 年第 3 期。

徐进前、王珊珊：《借鉴国外经验做好地方政府债务管理》，《中国金融》2011 年第 18 期。

徐阳光、周亮：《美国地方政府破产制度及其对中国的启示》，中国清算网，2013 年。

张春霖：《如何评估我国政府债务的可持续性？》，《经济研究》2000 年第 2 期。

赵慧、予斋文：《国外地方政府如何举债》，《中国财经报》2009 年 3 月 21 日。

周广翔、刘凡、李肖平：《借鉴美国经验完善我国债券市场做市商制度》，《金融时报》2013 年 10 月 11 日。

财政部预算司：《国外地方政府债务管理经验比较与借鉴顷》，《经济研究参考》2008 第 22 期。

财政部预算司：《国外地方政府债务规模控制与风险预警情况介绍》，《经济研究参考》2008 年第 22 期。

财政部预算司：《日本中央与地方政府的财政关系》，财政部网站，2008 年。

财政部预算司：《世界银行专家谈地方政府债务管理理论及国际经验》，《经济研究参考》2009 年第 43 期。

海通证券研究所：《中国公共债务：全景测算》，《海通证券宏观研究》2011 年。

Hana Polackova. *Contingent Govenunent Liabilities: A Hidden risk for Fiscal Stability*. Finance & Development, 1999.

Otaviano Canuto, Lili Liu.*Subnational Debt Finance: Make It Sustainable. The Day After Tomorrow, 2010*. World Bank, Washington, DC, pp. 219-237.

Paul Rosenstein-Rodan. *Problems of Industrialization of Eastern and South-eastern Europe*. The Economic Journal, 1943.

第九章　地方政府债务融资可持续性研究观点综述

本综述报告总结了国内外学者就“地方政府债务融资可持续性”所涉及的主要相关理论与实践问题的代表性观点与成果，主要内容涵盖了：地方政府适度融资的合理性、地方政府过度举债的风险与危害、地方政府债务融资可持续性的内涵、评价标准与测度方法、我国地方政府债务融资的主要问题与风险成因、对我国目前地方政府总体债务风险的评价，等等。最后，综述报告将学术界对未来促进地方政府融资规范、可持续发展所提出的主要改革建言，进行了简要的总结。

关于政府债务可持续性的问题一直是经济学研究中讨论十分广泛的话题之一，近年来随着地方政府融资平台规模的迅速扩张，关于我国地方政府债务融资可持续性的研究与讨论也随之成了经济学界的热门话题。毋庸置疑，地方政府债务融资及其可持续性这一问题既关乎未来经济发展的效率，也关乎宏观经济的持续稳定，因此，无论是对于学者还是政策制定者来说，从理论与实证两方面对其相关问题进行科学、深入的探讨，获得清晰、全面的认识，都显得十分重要。国内外现有的研究成果，也是本课题开展进一步研究的基础。为此，现将国内外学者在该领域的主要研究成果与代表性观点综述如下：

一、关于地方政府适度举债的现实合理性

国内外许多学者都论述了地方政府为其建设性投资进行适度举债所具有的合理性。在国外，财政联邦主义理论较充分地对此进行了论证，认为地方政府

为其资本性支出适度举债有以下这些理由：1. 可以克服投资成本承担者与收益享有者在时间分布上的不匹配。2. 举债进行公共投资产生的收益一般会超过举债成本。这些收益除了项目本身的现金流外，更重要的是会增强经济增长的潜力、扩大税基并带来政府收入的增加。3. 与使用经常性收入分批逐步更新公用设施相比，通过贷款或发行债券一次性更换设备能够节省大量的维护人员和费用。4. 经常性收入中可以用于投资的数量比较小，如果缺乏其他资金来源，项目建设周期必然拉长，进而会增加固定成本和资金消耗总量。5. 如果投资项目的资金由经常性收入提供，那么对预算资金的需求也会随时间变化，这必然会引起地方税率的非理性波动。6. 可以帮助地方有效筹集配套资金。地方政府通常有机会获得中央或多边国际组织的投资基金资助，举债可以作为一种工具，增强地方政府申请这些援助基金的能力。

国内学者林晓宁也认为：通常，地方政府增加债务的目的是完善基础设施以及公用事业建设，这些活动往往有着显著的外部溢价性，有利于促进当地经济发展，以增加财政内和财政外的收入，经济增长还会带来土地溢价的显著上升，从而增加地方政府的总收入。同时，从城市化的进程中，由于存在大规模基础设施建设的需要，地方政府负债率上升是一个必然的趋势，关键是控制其绝对水平。

世行专家卡努托和刘丽丽在比较了各国地方政府债务在政府总债务中份额的变化趋势后，得出结论：各国地方政府融资的作用日益显著。在巴西，地方政府债务约占公共部门净债务的 30%，而印度各邦债务占到了 GDP 的约 27%。而且，这一趋势还不仅限于联邦制国家。以法国为例，地方政府的投资占了法国全部公共投资 70% 以上，而这一比例在印度尼西亚和土耳其，也达到约 50%。两位专家进一步预测到：快速的城市化导致前所未有的农村人口向城市迁移，这将对大规模城市基础设施投资产生持续需求，发展中国家每年平均都要进行约占 GDP 3%—4% 的基础设施投资，由于在许多国家这一职责已下放到地方政府，因此，地方政府在公共投资领域仍将长期发挥重要作用，地方政府的融资压力也会继续下去。

在我国，地方政府举债，除了上述所说的财政分权、城市化等因素外，还有一些特殊的制度背景上的诱因。周天勇从财政体制的角度对此进行了分析：在实行分税制改革后，我国地及地以下政府的分成比例越来越小，加上国有和集体企业大量倒闭，地方税源日益枯竭。随着农村费改税的推进和清理乱收费，加之对政府提供公共产品、社保等要求也日益强烈，地、县、乡政府的财政平衡越来越困难，举债成为了地方政府迫不得已的策略。类承曜也认为，我国各级政府责任与财政能力的严重不对称，地方政府实际上承担了很多本应由中央政府或上级政府承担的支出职责，造成政府层级越低、财政负担越重的局面，地方政府只能通过举债、卖地等途径筹集，而中央政府对地方政府这样的财政“创收”努力也往往只能默许。

二、关于地方政府过度举债的风险与危害

20 世纪 90 年代以来，地方政府债务危机在世界各国频繁爆发，经济学家日益关注地方政府过度举债问题。Bordignon，Manasse 和 Tabellini 认为，从事后角度看，上级政府救助陷于财政困境的地方政府能够使整个政府的效率最大化，这导致了地方政府举债中的预算软约束问题。Nobue Akai 和 Motohiro Sato 进一步研究了地方债务管理中的软约束问题：地方借债事前激励一旦与中央政府的事后救助或者成本分担行为相结合，就有可能导致地方政府的过度举债行为。

国内学者类承曜认为：制度经济学的研究结果表明，如果政府机构的权利和责任不对称，道德风险的问题就会发生。如果地方政府通过举债获得的权利与债务的偿还责任不统一，势必造成地方政府偏好债务，甚至产生过度举债的倾向。

《世界银行专家谈地方政府债务管理理论及国际经验》一文指出：地方政府债务管理更需要防范道德风险。对中央政府救助的预期会对地方政府举债和偿债行为产生重大影响。市场透明度的欠缺、市场治理的疲软、市场参与者间竞争框架的扭曲以及地方财务管理能力的不足通常会放大道德风险。

这篇文章分析了国际上地方政府债务危机的主要案例：20 世纪 80 年代以来，各国发生或濒临发生地方政府债务危机的案例屡见不鲜，巴西在 20 世纪 80—90 年代先后爆发三次地方政府债务危机；1995 年的比索贬值导致墨西哥许多地方政府陷入债务危机；印度在 20 世纪 90 年代末至 21 世纪初快速增长的财政赤字使得许多邦政府一度处于债务危机爆发边缘；1998—2001 年间俄罗斯 89 个区域政府至少有 57 个发生过违约。地方政府债务危机造成的损失巨大，会严重损害地方政府提供公共服务的能力；系统性的地方政府破产还会阻碍地方资本市场的发展，减少基础设施融资空间，威胁宏观经济和金融的稳定。

三、地方政府债务融资可持续性的内涵、评价标准与测度方法

要保证地方政府债务融资健康发展，及时化解债务风险，就必须探讨地方政府债务融资可持续性的内涵、模式与测度方法，国内外许多文献都就此展开了深入的探讨。

1. 关于债务融资可持续性的内涵。杜威等认为，在社会资金供给量允许的情况下，政府可适度举债，但必须使地方政府未来各期基本预算盈余的贴现值之和能够弥补期初基本预算赤字，此时地方政府债务才是可持续的。

刘立峰认为，地方政府债务的可持续性是指基于某些经济约束条件下的、根据经济发展需要、考虑多种经济要素协调性的地方政府债务的长期发展战略和模式。地方政府债务的可持续性既强调债务过度扩张会造成一定的经济负担，地方政府债务需要有一定的经济条件的支撑；同时，也强调通过有效的借贷机制和债务的良性发展将大大增强地方经济增长活力，增加具有增值能力的财政资产，提高财政的可支付性和负担能力。只要地方政府的机动财力能够支付未来年度的债务本金和利息，这种借款行为就是有效率的和安全的，也是可持续的。也就是说，最差的情形下，到某一始点，地方政府已经无力进行新的项目投资，此时的财力只要能够支撑归还未来时期的债务本息，这一始点的债务规模就是地方政府能够承担的最大债务规模。

2. 关于政府债务可持续性的评价指标与影响参数。马骏认为，判断政府债务可持续性的最常用指标是债务占 GDP 的比重是否能够保持稳定，这已是财政理论界和国际机构的共识。其他有用的指标包括债务与财政收入的比例、还本付息支出占财政收入（或支出）的比例等。这些指标背后的经济学含义是：一个政府只有维持健康的经济活动（GDP）及由此创造健康的财政收入，才能保持对债务的支付能力。此外，经济增长的速度、利率的高低，也是决定长期债务可持续性的重要因素。

洪凡平同样强调了：利率水平和现价 GDP 增长率（实际 GDP 增长率加通货膨胀率）是影响一个国家公共债务可持续性的重要参数。利率愈高，偿还债务的成本愈高，债务也愈难以持续。相反，GDP 增长率愈高，政府税收的增长也愈高，偿还债务的能力也愈强，有利于公共债务的可持续性。

《如何分析中国的政府债务可持续性问题》一文认为，除了政府债务与

GDP之比这一指标本身，判断政府债务可持续性还有两个重要的因素：一是债务的走势，二是政府的筹资能力。而债务的走势主要取决于三个因素：需要用债务来弥补的公共部门赤字占GDP的比例、实际利率和经济增长率。

洪源和李礼首先援引了国外学者Besancenot et al的观点：政府债务资金的使用结构可分为消费型和投资型，其中，消费型债务资金没有投资收益，而投资型债务资金在未来会有一定的投资收益，可以用来偿还债务本息。在此基础上，这两位学者认为：可见，政府债务可持续性规模还要看资金利用效率的大小，政府要想提高自身偿债能力，就必须对借入债务的使用和效率进行控制，尽量将其运用到效率较高的投资项目中。

3. 关于政府债务可持续性是否有临界点。在关于政府债务可持续性是否有临界点的研究上，Ghosh等同时使用23个发达国家1970—2007年的数据进行了实证分析，发现不同国家的债务上限差异很大，债务上限受到该国债务结构的改善、经济增长率以及外部冲击等因素的影响。

《如何分析中国的政府债务可持续性问题》一文强调了：如果债务临界点存在，理论上和实证上都有理由说明不同国家之间的债务临界点不同。美国由于可以利用其国际储备货币的地位进行适当的债务货币化，进而减轻了其债务的负担，这样即使其债务率相对较高，但债务仍然是可以持续的。日本虽然其政府债务与GDP的比例已经超过了200%，但是由于其国内较高的储蓄率，因此政府仍然可以以极低的成本筹集资金。

相反，经济越不发达，其债务可持续的临界点可能越低，因其存在不发达的国内金融市场。这些国家的政府由于没有发育良好的债券市场，因此常求助于通过货币化政府债务的方式将债券卖给中央银行，这很容易导致通货膨胀等各种经济问题，最终导致经济继续恶化，债务无法持续。

4. 关于资产负债表的评价方法。张春霖认为，要评估政府的借债能力，有必要将财政、银行、企业三个部门作为一个整体，编制政府的资产负债表。如果政府净值为正，说明它的资产足以抵偿现有债务，如果政府净值为负，说明政府已经到了资不抵债的地步。

马骏则认为，政府净资产为正并不意味着没有债务风险。中国地方政府的净资产为正，但金融净资产为负，表明地方政府虽然持有了许多基础设施和其他非经营性资产，但资产中可变现的部分（如持有的上市公司股票和现金）有限。在这种情况下，如果某些地方政府债务期限结构过分偏于短端，就可能出现违约。

总之，政府债务可持续性测度方法伴随着经济关系的复杂程度而不断深化，但至今为止也尚未形成一个完备的体系。正如洪源和李礼所认为的，由于我国的情况更为复杂，更需要在理解政府债务可持续性内涵的基础上，理清债务与经济的关系、利益主体的关系、风险主体的关系等，才能深入、系统地构建地方政府债务可持续性的测度体系。

四、我国地方政府债务融资的特点、问题及风险成因

谢博文总结了我国地方政府债务风险有如下特点：首先，我国东、中、西部不同地区地方政府债务风险程度不同，中西部地区的债务风险程度明显大于东部地区。其次，我国地方政府债务风险的产生有多种错综复杂的原因，既有经济体制转轨未完成的因素，又有现行财政体制的问题，还有地方政府对其债务缺乏管理的原因。第三，我国地方政府债务风险主要集中在财政收入低、财政赤字较高的县乡级政府中。

海通证券的报告认为：我国地方政府债务融资有两大特点：一个是集中利用银行贷款，二是依赖土地财政。审计署的数据显示银行贷款占地方债务的79%。浙江某地区8家被调查银行的政府融资平台贷款中，以土地出让收益作为第一还款来源的占35.11%，以财政收入作为第一还款来源的占22.40%，以经营收入作为第一还款来源的仅占13.87%。

廖淑萍与叶蓁认为，综合现有的情况来看，地方政府债务问题的风险主要体现在三个方面：第一，举债不透明、管理缺乏规范。第二，债务短期化，投资长期化，造成期限错配。第三，高度依赖土地出让收入和银行贷款，“绑架”了房地产业与银行。地方政府、房地产和银行三个利益相关方之间，形成了一个错综复杂的关系网，中央宏观调控难度增加。

关于地方政府债务风险成因，国内学者主流观点认为主要集中在财政体制、地方政府道德风险行为以及地方政府举债缺乏约束机制等方面。如类承曜从制度性框架的高度解释了我国地方政府债务风险成因：不合理的政府间财政关系造成地方政府财政收支的纵向不平衡，这是我国地方政府过度举债的财政体制原因；而地方政府举债面临的预算软约束则使地方政府过度举债成为可能。

招商银行（香港）的分析报告分析了这几年我国地方政府债务规模迅速扩大有五个根本原因：软预算约束、公共池问题、争先恐后发展的冲动、“四万

亿”刺激政策的东风和全球宽松货币环境；并由此认为，必须从制度、政策和货币信贷等多个方面对地方政府债务加以有效约束。该报告同时强调，与发达国家的国债相比，中国地方政府债务有三个突出的复杂性：涉及更复杂的利益博弈、信息更加不透明、银行贷款这种债务形式所具有的强外部性。

海通证券的报告深入分析了“土地融资 + 银行贷款 + 融资平台”这一地方政府基本融资模式得以快速增长的宏观背景：区域竞争、分税制下的财政激励、预算软约束以及反周期时候的政府需求给了地方政府进行经济建设提供了机会、冲动和能力，而房地产市场的快速发展又使得地方政府发现了土地这种宝贵的资源。于是，地方政府通过承诺用土地收入作为还款来源，直接提供土地质押等获得了银行大量贷款。这些资金通过地方融资平台，绕过相关法律，供地方政府进行基础建设投资使用。报告认为，地方在现行金融体制下为基建融资，对银行贷款和土地财政的依赖是必然的。这个风险链条中保证现金流最关键的点在于土地价格能维持在较高的水平，并使土地具有流动性，而这需要居民部门保持旺盛的住房需求，房地产价格和交易量能维持在一个合理的增速上。因此，我国目前地方政府融资的风险与房地产部门的风险是绑定的。

洪源和李礼指出了地方政府债务风险在我国传递的特殊性：由于政府行政权力的存在，政府债务资金积累所造成的风险也不会先发生在政府内部，而会第一时间出现在金融或经济运行中，然后有可能再通过“倒逼”模式引发财政系统性风险的发生。

五、对我国目前地方政府总体债务风险的评价

总结主要学者对此的观点，可以看到，目前学界的主流观点普遍认为当前我国地方政府债务出现系统危机的可能性不大，但不少学者也同时强调了前一阶段地方政府过度举债即使得到及时治理与缓解，依然会有一定的“后遗症”。

巴曙松在《中国地方政府债务的宏观考察》一文中指出，根据国际惯例，中国的地方政府债务水平总体上处于可以承担的水平，但个别地方政府存在过度举债行为。高盛经济学家宋宇和乔虹指出，目前中国政府债务违约的总体风险仍然有限，因为中国政府仍拥有庞大的重要资产储备，包括上市公司国有股（国内和海外）、非上市国有企业以及土地和房地产等；而政府的财政收入和储蓄快速增长。宋宇和乔虹认为，即使是在资产市场下跌，政府土地和股票的价值大幅缩水的特殊情况下，中国政府仍能够依赖于目前的财政收入偿还债务。

此外，中国政府在发行外汇和人民币债券方面都有较大空间。而资本账户仍受到控制的情况下，较高的居民和企业储蓄也确保了中国政府债券的需求旺盛。这都保证了中国政府对债务的偿还能力。

刘利刚也持相同的观点，认为地方政府债务虽有引发流动性危机的可能，但只要偿付期限能够得到延迟，同时，中央政府能够持续为地方政府代发国债，地方政府的偿付能力风险并不显著。

李明亮则强调了，虽然没有极端情况出现，风险不会大规模爆发，但是，对于新兴市场国家而言，债务水平越高，经济的实际增速越低，通胀越高。所以，尽管地方债务没有短期的流动性风险，毫无疑问高债务也将使得中国经济承受波动的能力下降。李秉龙也认为，地方政府债务风险除自身偿债风险外，还有存在着一定的外部风险，例如：因债务负担加重而不得不增加税费或消减未来开支，而这会影响未来经济增长的潜力。

刘蓉与黄洪通过评估我国地方政府的债务风险得出的结论是：当前地方政府的债务余额虽在可控范围内，但新增债务比率已超过了预警线，显示地方政府存在一定的潜在债务风险。

六、未来改革的方向与政策措施

1. 深化改革，为保证地方政府债务可持续性提供长期制度性保障。类承曜认为，由于我国地方政府债务规模迅猛增长的原因有四个：财政体制、预算软约束、政府治理结构和政府主导型的经济发展方式。因此，解决地方政府债务规模过度增长也要从这四个方面推行全面的改革。不仅要考虑改革财政体制，更要转变经济发展方式；而从长期来看，根本之策还在于完善政府治理结构以及金融体系改革，以此增强对地方政府举债的市场约束机制和行政约束机制。

卡努托和刘丽丽认为：地方政府融资可持续性的关键将取决于以下四个方面：宏观经济的基本面，健全的地方政府债务监管框架，对地方隐性与或有债务的有效管理，以及发展出多元化的地方债资本市场。建立地方政府政府债务风险管理的长效机制，需要把地方政府债务市场扩张成一个有效的储蓄——投资场所。

《世界银行专家谈地方政府债务管理理论及国际经验》一文，总结了良好的地方政府债务管理框架应包含以下四个方面：一是设计制度框架。建立用于指导政府债务管理操作的法律和制度框架，目的是明确建立债务管理目标。二是保证财政可持续。政府融资必须符合财政和债务的可持续发展战略。衡量财政是否可持续，既要看政府当期是否有能力贯彻执行中央的财政与货币政策，还要保持政府的代际预算约束稳健，没有明显的债务违约风险。三是完善资本市场。地方政府在举借债务时应尽可能利用市场机制，规范的资本市场将为政府提供一个低成本和低风险的融资机制。四是建立汇报程序。建立规范的汇报程序，有利于确保政府债务管理者尽职尽责地执行债务管理职能。

2. 发展地方政府债务市场，拓宽地方政府融资渠道。刘利刚认为，我国的《预算法》仍禁止地方政府直接发债，地方政府为满足长期投资需求除了向银行贷款以外别无他法，因此银行业和地方政府投资都面临了风险向银行业集中和期限错配的问题。地方政府无法发行债券将会使流动性问题恶化。因此，未来需要发展地方政府债务市场，以降低集中在银行体系中的风险和期限错配的恶化。

《解决地方政府性债务问题的突破口》一文认为，根据我国区域经济发展差异状况，优先允许部分财政状况较好、偿债能力较强、资产雄厚、未来现金流充裕、信用度较高的地方政府按照当地实际财政状况以及监管设定的风险控制指标体系，确定自行发债规模，并采取上报备案管理方式，不仅能够缓解当地政府资金不足的难题，而且可以形成地方预算硬约束，培育地方政府信用，减少中央宏观调控对地方经济发展的负面影响。

3. 完善内外约束机制，防范道德风险。世行高级经济学家王梅指出：国际经验表明，要从制度上确保对地方政府的债务水平、结构和偿债能力有定期、准确和充分的了解，建立一个可靠的、标准化的、口径一致的地方债务报告信息系统，是至关重要的。容许地方政府发债，有两个问题至关重要：一是要从制度上确保对地方政府的债务水平、结构和偿债能力有定期、准确和充分的了解；二是要建立起一套保证地方政府谨慎和负责任举债的管理机制。从长远角度考虑，只有在一套科学完整的管理体系建立起来以后，地方债这个金融产品才能有效而又安全地发挥其融资的功能。

宋宇和乔虹认为，为确保负责、有效的贷款，中央政府应加大对所有形式地方政府借款的风险控制，例如通过限制借款总额在地方政府经常性财政收入中的占比，以及禁止直接从地方国有企业借款等。

刘立峰认为，未来应强化地方政府债务的内部硬约束；一方面，要建立投资决策的问责制，在各个环节解决好谁问责、问责谁和如何问责的问题。针对有些地方政府严重资不抵债、不能有效清偿的情况，应追究主要领导人的责任。另一方面，要通过立法形式，硬化地方政府的债务约束，避免地方政府过度举债并转嫁下届政府，防止地方政府将其债务风险向上级部门转嫁。考虑到我国单一制的政体，地方政府的发债要经由上级政府的严格审批，同时将地方政府债务纳入同级预算管理，各级政府单独编制本级建设项目预算，报同级人大审查和批准。

参考资料：

田芸、高盛：《中国政府负债占 GDP 近一半 地方政府需财政改革》，经济观察网。

廖淑萍、叶蓁：《中国银行：高度关注我国政府债务可持续性》，中国银行网站。

周天勇：《以公共财政化解地方政府债务》，《经济研究参考》2004 年第 39 期。

林晓宁：《中国地方政府债务的现状和可持续性研究》，《中国管理信息化》2012 年第 1 期。

刘立峰：《地方政府建设性债务的可持续性》，《宏观经济研究》2009 年第 11 期。

刘利刚等：《地方政府债务不足为患》，《财经》2011 年第 6 期。

李明亮：《中国公共债务：可持续性和影响》，海通证券网站。

马骏：《政府净资产为正并不意味着没有债务风险》，凤凰网。

黄珊、雷良海：《基于可持续性的地方政府债务承受力分析》，《市场周刊·理论研究》2011 年第 11 期。

洪源、李礼：《我国地方政府债务可持续性的一个综合分析框架》，《财经科学》2006 第 4 期。

张春霖：《如何评估我国政府债务的可持续性》，《经济研究》2000 年第 2 期。

谢博文：《对我国地方政府债务风险的研究》，百度文库。

杜威：《中国经济转轨时期地方政府债务风险问题研究》，辽宁大学，2004 年。

刘蓉、黄洪：《我国地方政府债务风险的度量、评估与释放》，《经济理论与经济管理》2012 年第 1 期。

类承曜：《我国地方政府债务增长的原因：制度性解释框架》，《经济研究参考》2011 第 38 期。

招商银行（香港）：《中国病人——宏观经济视角看中国地方政府债务问题》，百度文库。

财政部驻深圳财政监察专员办事处：《解决地方政府性债务问题的突破口》，财政部网站。

Yitianze：《关于政府债务可持续性问题的研究综述》，老千的博客。

Sugata Ghosh, Iannis A. Mourmouras:*Debt, Growth and Budgetary Regimes, WILEY ONLINE LIBRARY*, 2004.

附录　A市地方政府债务调研报告

通过对A市地方政府债务情况的调研，我们认为，地方政府债务短期偿付压力较大，融资平台未来可持续发展能力受限，乡镇政府债务出现新的膨胀趋势。未来要规范融资平台发展，拓展公私合作模式，加强乡镇债务监管，约束地方政府行为。

2013年6月17—21日，课题组到A市对地方政府债务情况进行了调研，走访了市发改委、市财政局、市融资办、市投资集团，还与乡镇政府的有关人员进行了座谈，对A市及其县区、乡镇债务情况有了更新的认识。总体上看，我们需要重视地方政府债务的潜在风险，特别是要关注新的风险因素，同时，要在改革与发展中不断化解各级政府债务风险。

一、地方政府债务短期偿付压力较大

负债率（年末政府债务余额/当年GDP）反映了地方经济总量对政府债务的承载能力。2010—2012年，A市全市地方政府债务余额分别达到71.1亿元、80.4亿元和94.8亿元，年均增长15.4%，增速较快。但是，A市地方政府负债率一直维持在相对较低水平，且略有下降。2010—2012年，A市政府负债率分别为22.1%、19.9%和20.2%，到2012年为止，其政府负债率远低于全国平均水平（约27%）。从各县区的情况看，2012年的负债率大多保持在15%以下，还有两个县区低于10%，只有一个县的负债率达到41%，负债率水平偏高。

债务率（年末政府债务余额/当年财政收入）反映了地方政府通过动用当期财政收入满足偿债需求的能力。我国地方财政收入的统计较为复杂，不同口径的财政收入的承债能力也有明显的不同。我们分别用地方政府债务余额与地方公共财政收入、公共财政收入以及可支配财力[①]相比较，可以得到债务率 1、债务率 2 和债务率 3。从 A 市全市及其各县区的情况看，债务率 1 普遍超过了 300%，债务率 2 普遍超过了 200%，债务率 3 则大多保持在 90% 以下（见附表 1）。从国际经验看，美国州的债务率标准要求小于 120%，新西兰的标准要求小于 150%，可见，A 市及其各县区的债务率 1 和债务率 2 都处于较高水平，只有债务率 3 水平较为适度。根据中国国家开发银行对政府债务的评价标准，债务率 3 应低于 70%，依此判断，A 市对债务的清偿负担相对较重。

附表 1　2012 年 A 市及各县区负债率和债务率（%）

	负债率	债务率 1	债务率 2	债务率 3
A 市	20.23	353.88	191.83	84.24
B 区	11.14	470.79	272.30	163.53
C 区	5.88	189.72	122.29	32.32
D 区	14.98	355.56	207.41	65.31
E 县	19.41	388.14	218.10	56.68
F 县	7.61	180.29	87.33	37.79
G 县	41.25	947.04	675.82	184.91
H 县	12.36	363.41	204.51	58.46

注：负债率 = 债务余额 /GDP；债务率 1= 债务余额 / 地方公共财政收入，债务率 2= 债务余额 / 公共财政收入，债务率 3= 债务余额 / 可支配财力。

在上述指标中，负债率是以经济总量为基础衡量，而债务率则是以财政收支为基础衡量。从经济总量角度考虑，A 市债务规模不大，而从财政收支角度分析，其债务规模又显得较大。那么，到底应该依据哪类标准对 A 市债务规模进行考察呢？笔者认为，对一个地区债务规模的评价，应以其经济基础和经济实力为主要依据，而不应局限于财政收支能力。因为，地方经济基础雄厚以及经济增长强劲，就能够使人相信未来这个地方有能力偿还其债务，它就可以不断通过债务方式进行融资。但是，与此同时，也需要关注债务率的过度膨胀问题，因为，这会造成政府短期债务清偿出现困难。从下表 A 市本级城市建设资

① 注：地方公共财政收入即一般预算收入，公共财政收入为一般预算收入加上基金收入，可支配财力是指公共财政收入加上上级转移支付。

金预算可以看出，2012 年，该市本级城建债务还本付息支出已达 6.6 亿元，占总支出的比例超过了 30%，已经接近了当年土地出让的净收益（见附表 2）。

附表 2　2012 年市本级城市建设资金收支预算（万元 /%）

收入			支出		
项目	金额	比例	项目	金额	比例
预算内资金	3000	1.13	市政建设支出	71842	33.05
土地出让收入	72594	27.28	城区绿化支出	8197	3.77
城市配套费收入	5701	2.14	水务建设支出	12084	5.56
公积金增值收益	765	0.29	土地类支出	33515	15.42
广告经营收入	294	0.11	债务支出	66471	30.58
灾后重建基金	72989	27.43	其他类支出	25282	11.63
中央、省补助保障性住房资金	4636	1.74	合计	217391	100
新区建设资金	6200	2.33			
管网建设资金	2159	0.81			
融资资金	53000	19.92			
市场化运作	20000	7.52			
地方债券	8007	3.01			
上级补助水务资金	1700	0.64			
合计	266127	100			

二、融资平台未来可持续发展能力受限

为了更好地集中公共资源，服务于政府的融资需求，A 市政府融资平台采取了集团公司 + 子公司的组织形式，市投资集团公司下辖城市建设投资公司、园区建设投资公司、天然气公司、交通投资公司等子平台公司。按照国发 19 号文件的要求，2010 年，集团公司对实物资产、股权出资和无形资产进行了全面清理，注册资本金从 9 亿元增加到 30 亿元。2011 年，集团公司完成了全市经营性资产的清理和划转。同时，市财政将 6.2 亿元经营性资产注入集团公司，既进一步扩大了资产规模，又增强了集团公司现金流。目前，集团公司注册资本金 30 亿元，资产总额 108 亿元，净资产 52 亿元。

2009—2012 年，集团公司本部分别实现融资 13.8 亿元、2.2 亿元、2.7 亿

元和 11 亿元。2012 年，集团公司合并实现融资总额 21.1 亿元，除本部融资外，天然气公司实现融资 0.25 亿元，城投公司实现融资 9.86 亿元。截止 2012 年年底，集团公司累计为 A 市经济发展筹集资金 36.1 亿元。其中，项目融资 30 亿元，中小企业担保融资 6.1 亿元。所有贷款均按时还本付息，未发生不良记录。

附表 3　A 市融资平台部分融资情况

业主	贷款行	项目名称	贷款金额（万元）	贷还款时间	年利率（%）
土储中心	开行	土地储备	25000	2003—2011	7.83
城投公司	开行	湿地公园	3000	2006—2018	7.83
城投公司	开行	滨河路	4200	2007—2019	7.83
城投公司	开行	城市桥梁	3800	2007—2019	7.83
国资委	开行	国企改革	4800	2007—2020	7.2
国投公司	开行	中小企业担保公司注资	2500	2006—2018	7.83
宏明公司	开行	交通应急贷款	5000	2006—2009	7.29
国投公司	开行	经济适用房和廉租房	8800	2008—2019	
国投公司	开行	抗震救灾紧急专项贷款	14350	2008—2023	6.35
国投公司	农发行	万源农村路网建设	50000	2009—2014	6.55
开发区	开行	产业园基础设施	19000	2009—2021	7.05
开发区		开发区基础建设	25000	2012—2024	7.05
国投公司		企业债	80000	2012—2019	7.25

近年来，集团公司先后投资建设了水厂、污水处理厂、市政务服务中心、供水管网修复及改扩建工程、新区开发、棚户区改造等一大批城市基础设施项目、政府公益性项目、城市综合体和城市区域开发项目。同时，集团公司还承担了市本级绝大多数保障性住房建设任务。2009—2012 年，集团公司本部及直管子公司分别实施项目 11 个、13 个、19 个和 32 个，全年完成投资 4.1 亿元、2.1 亿元、4.6 亿元和 8.4 亿元。

与国内许多政府融资平台类似，集团公司遇到的主要问题是盈利能力较差，造血功能不强。截至目前，集团公司能实际控制的资产仅有 13.7 亿元，能进行运营并产生效益的优质资产更少。由于有效资产不足和经营模式不规范，市投资集团现有资产已经不能提供足额的现金流和利润，金融机构所需项目贷款的经营状况和定期监控的经营数据资料只能依靠集团公司临时拼凑，不能实现贷款收益对债务本息“全覆盖”，也无法编制合格的报表，使得债券发行和中期票据发行等创新融资工作难以顺利开展。调研中，地方政府及投资公司的同志普遍反映，由于可用于抵押的政府优质经营性资产越来越少，土地抵押又受到许多中央政策的限制，政府融资平台债务扩张能力明显减弱。

三、乡镇政府债务出现新的膨胀趋势

从 2004 年起，我国开始推行“乡财县管”体制，乡镇债务得到较好的处置。其中，对资产大于负债的农村基金会，并入信用社成为其正式的分支机构，而对资不抵债的农村基金会则实施清盘，“普九”等教育债务也通过中央转移支付方式得到了偿还。到 2008 年，乡镇债务大多化解完毕。但是，2008 年以后，A 市乡镇债务又出现新一轮的膨胀趋势，债务水平甚至超过了 20 世纪 90 年代。其中，B 区每个乡镇债务均超过了 1000 万元，全区债务达到 10 亿元以上。这些债务通常是以拖欠企业和个人的工程款等形式出现。

乡镇的同志把新形成的乡镇债务归为以下几类。第一，建设性负债，即由于公路、供水、污水处理、环境治理等基础设施建设形成的债务。对于这些公共投资项目，上级政府往往只安排了专项建设资金，却没有安排征地补偿费用、人员和办公经费，其费用只能由实施项目的乡镇政府承担。近年来，为应付中央和省级领导视察，乡镇和农村公路沿线都要进行风貌塑造，但是，却没有相应的资金保障，这些费用也要由乡镇政府承担，由此形成工程欠款。

第二，发展型负债，即由于乡镇政府推进农业产业化项目以及建设产业园区而形成的债务。在推进农业产业化项目时，上级政府也有各种形式的补助，例如提供种苗、种猪，但是，人员成本却通常不在补助范围之内，由此产生的费用自然落到了乡镇政府的头上；现在许多乡镇也建有各类产业园区，园区的征地补偿以及基础设施建设成为乡镇政府的重要任务，由此也会形成一定的债务。

第三，维稳性负债，即控制辖区内居民上访、维护社会稳定产生的债务。由于上级政府过度强调稳定、和谐，又缺乏较为完善的法制保障及约束，给人们造成“小闹小解决，大闹大解决”的印象，相关人员动不动就上访，出现了一批缠访户和专职上访人员，安抚与协调的任务也就成为乡镇政府的一项重要职能，“花钱买稳定”成为基层政府的主要做法，由此产生的维稳成本巨大，又没有专项的经费保障，形成的债务不断增加。

乡镇债务出现新一轮的增长，有其背后的体制与政策原因。其一，政绩考核存在严重问题。目前的考核制度和评价体系，重在上级表扬和肯定，示范点、提供迎查现场、工作受上级领导批示或表扬实行加分，因工作不力引起上访或受到上级领导批评的实行扣分。这就导致基层官员拼命搞项目、装门面、防上访，又没有相应的预算经费，就只能借债；其二，乡镇政府没有自有财力，但是，却承担了上级下达的建设性任务，当市县财政无法保障的情况下，只能由乡镇政府通过拖欠工程款的形式完成项目建设。“乡财县管”以后，县区政府本有责任对乡镇负债进行严格监督与约束，但是，同样为政绩表现，县区政府也只能默许这种行为的发生；其三，上级官员下来调研，总喜欢给基层群众做出不切实际的表态和许诺，却又不承担相应的责任，往往给乡镇留下一个难以应付的烂摊子，支出责任只能由乡镇政府承担。

四、防范地方政府债务风险的建议

规范融资平台发展。在未来很长时期内，融资平台仍将是地方政府可以依赖的重要融资模式，要促进融资平台健康发展。融资平台应以政府出资和公共资源为依托，以市场化方式运作，由项目自身收益偿还债务，必要时政府给予适当财政补贴。探索由央企、省企、当地平台公司和民营企业共同组建城镇基础设施建设平台公司，促进融资平台主体多元化。要健全融资平台的治理结构，允许银行等金融机构派员参与平台公司监事会。建立支持融资平台公司健康发展的长效机制，强化企业自身的融资能力、偿债能力和风险防范能力。

拓展公私合作模式。地方政府拥有的资产、资金和资源已难以继续承担大规模建设需要，必须拓展公私合作的方式。对于新建的基础设施，政府可以采用 BOT 等形式与民营企业合作。对于已有的基础设施，政府可以通过出售、租赁、合同承包等形式与民营企业合作。A 市的成片棚户区改造项目已经开始探索城市运营商建设模式。这种模式可以打通土地一级和二级市场，在房地产开发的同时，由城市运营商同步完成市政设施、社区医院、学校、文化设施的建设，从而免去了土地一级开发的成本和招拍挂的复杂程序，也免去了政府土地财政的负担和麻烦。

加强乡镇债务监管。尽管市县债务监管存在一定问题，但是，这些债务毕竟已经纳入管理部门的视线，并建立起了一定的防控机制；而乡镇债务并未进入市县政府债务的统计范围，对这部分债务，上级政府基本上没有进行有效的监管。必须充分重视乡镇债务给地方政府带来重大风险隐患。首先要将乡镇债务纳入地方政府债务统计，掌握债务变化的动态信息；其次，应由县区融资平台对乡镇建设性债务进行统借统还，降低债务成本，防控债务风险；再次，要建立乡镇政府债务的监测体系和风险控制标准，用负债率、债务率等指标进行严格的数量控制。

约束地方政府行为。要建立科学的发展观和政绩观，有效约束地方政府的举债行为。党政干部的异地任职有利于防止腐败和不当利益关系，但是，也会造成主要领导的短期行为，造成前任借债后任偿还的局面。未来市、县（区）、乡镇的主要领导和班子成员应从本地长期居民中选拔，使之在决策时更多考虑本地居民的利益。要完善投资决策体系。不断扩大社会公众参与政府投资项目决策的力度和深度。逐步实行政府投资项目决策公示和重大项目决策听证制度。凡不涉及国家机密的城镇基础设施投资项目，要逐步建立在正式决策前向社会公示的制度，让社会公众知晓并积极参与项目决策过程。

策　　划：张文勇
责任编辑：张文勇　何　奎　孙　逸　罗　浩
封面设计：李　雁

图书在版编目（CIP）数据

地方政府债务融资可持续性研究 / 林勇明，张长春主编．—北京：人民出版社，2017.12

ISBN 978－7－01－018769－3

Ⅰ．①地…　Ⅱ．①林…　②张…　Ⅲ．①地方财政－债务－融资－研究－中国　Ⅳ．① F812.7

中国版本图书馆 CIP 数据核字 (2017) 第 331734 号

地方政府债务融资可持续性研究

DIFANG ZHENGFU ZHAIWU RONGZI KECHIXUXING YANJIU

林勇明　张长春　主编

人民出版社 出版发行

（100706　北京市东城区隆福寺街 99 号）

北京市文林印务有限公司印刷　　新华书店经销

2017 年 12 月第 1 版　2017 年 12 月北京第 1 次印刷

开本：710 毫米 ×1000 毫米　1/16　印张：13

字数：220 千字

ISBN　978－7－01－018769－3　定价：32.00 元

邮购地址　100706　北京市东城区隆福寺街 99 号

人民东方图书销售中心　电话（010）65250042　65289539